조선조 정치적 복종의 두 가지 형식

아전과 내시

조선조 정치적 복종의 두 가지 형식

아전과 내시

박종성 지음

인간사랑

프롤로그

탐구대상이 클수록 답은 더디다. 성격과 의미 또한 유장悠長하다면 답을 기다리는 절차는 복잡하다. 애타게 기다리는 답이 아니라면, 방법도 찬찬히 따져봐야 하고 시간도 꽤 걸린다. 어느 정도 답의 윤곽이 보이더라도 합의를 구하거나 설득의 틀을 끌어내기란 여간 어렵지 않다.

'역사연구'만 해도 그렇다. 사단事端의 '원인'만 궁리해도 문제고 '대상' 그 자체에만 매달려도 낭패다. 그렇다고 '결과'로만 말하려 덤벼들면 시간의 흐름은 온통 사건의 무덤들로 넘쳐난다. 하기야 좋은 말로 인과론을 끌어들이기도 하지만 서로의 경계가 뚜렷하거나 앞뒤 막힘없이 통하는 게 아니어서 난감할 때가 많다.

우연과 필연이라는 편리한 단어들이 족쇄가 되는 이치도 분명하다. 세상사 전부가 일회적이라거나 별다른 까닭 없이 그처럼 지탱하고 반복하는 것이라는 비가역적非可逆的 우연성에 기대려든다면 황망하기만 할 터다. 게다가 불가피한 메커니즘이나 내면의 법칙성마저 운운하려해도 개운치 않기만 한 건 왜일까.

양시쌍비론兩是雙非論의 교묘한 휘장 곁에서 필연론의 허망함은 우연론의 무책임을 거울처럼 되비친다. 대표 주제로 조선왕조의 최장성最長性만 하더라도 논의의 얼개는 모습을 갖추었을망정, 답은 요원한 형편이다. 관심을 달리하는 자들끼리 합의 공간을 마련하기 힘든 건 물론이고 설령 답 비슷한 뭔가가 드러난다 하더라도 그것을 전부라고 이야기할 흔쾌한 근거가 제시되기 어려운 것도 탐구의 현실이다.

주제의 부피와 깊이 탓도 있지만 물음의 매력에 비해 가능한 답의 일반성을 유지하기 힘들다는 이유 역시 큰 몫을 차지한다. 그렇다면 흔히들 묻고 답하며 추론하는 오랜 질문 가운데 하나로 오백년 넘도록 왕조국가체제를 지탱한 힘의 근본은 뭘까. 가장 가까이 꼽는 이유는 유교의 막강한 저력이었고, 정치체제를 강고히 지탱한 정치적 기운은 견제와 균형을 중심으로 한 제도적 긴장이나 힘의 균형을 도모하려는 지배 권력과 민중부문의 길항이었다.

그러나 이 같은 답은 과연 답으로서의 결정적 증거를 지니는 걸까. 큰 물음의 답마저 커야 한다는 주문은 이느덧 모두를 옭아맨 강박 아니었을까. '물음이 크다'고 답마저 '작을 수 없다'는 건 모순일 것이다. 게다가 큰 물음 앞에서 작은 원인을 따지고 그들 모두를 탑처럼 쌓아올려 대답의 고지를 지향한다는 건 하염없는 시간의 강물부터 건너야 할 부담부터 안겨 주리라.

비유하자. 끊어질 듯 말 듯 하늘 저편으로 날아오른 연鳶줄의 무게가 동아줄보다 튼실하게 당겨지는 '손맛'은 바람의 적당함 때문일까, 아니면 실끈 낱낱의 가닥 조직과 그 기운 탓일까. 이도 저도 아니면 그걸 놓지 않으려 애써 버티던 주인의 뜻 때문일까. 하지만 온갖 풍파에도 끝내 떨어지지 않고 매달려 있는 연 그 자체의 존재가 정작 중요한 이유의 대부분은 아닐까.

이들을 온전히 합쳐야 이유의 대강이 마련되리란 생각 역시 답을 위한 편리한 변명 거리가 될 것이다. 하지만 그 또한 논리적 적당함과 집단적 비겁함의 단서가 되는 이치도 충분히 자각하는 우리다. 그렇다면 모두를 어설피 건드리느니 하나라도 확실히 들여다보는 건 어떨까.

연을 핑계 삼아 왕조사의 최장성을 따져보자면 비유의 틀을 끌어들이지 못할 까닭이 없다. 설령 그것이 또 다른 비판과 지적의 핑계가 된다손 치더라도 답을 찾기 위한 노력의 길에 정확한 이해와 올바른 인식은 전혀 해가 되지 않는다. 다시 또 묻자. 유교국가 조선의 정치체제와 왕조사회의 내재적 틀을 지탱한 힘의 정체는 뭘까. 무진장한 까닭과 헤일 수 없는 곡절들로 그 기나긴 시대가 넘쳐날망정, 지탱과 변화의 얼개를 엮는 가장 그럴듯한 생각의 매듭은 어디서 어떻게 도드라지는 걸까.

전대미문의 세월이 흐르도록 단일 성씨를 중심으로 세습군주체제를 이어간 조선의 정치적 에너지는 독립적 탐구대상이다. 이른바 519년 종묘사직의 지탱력은 그 자체로 역사의 '힘'이자 '짐'이다. 같은 경우의 수를 세계 역사에서 찾을 수 없기에 길이로 빛나고 저력으로 넘친다. 하지만 국가 붕괴를 방어할 민중의 정치중심은 허약했고 위로부터의 구조적 개혁으로 이를 차단할 정치권력의 정책능력도 빈곤했다. 사회혁명도, 국가주도혁신도 불가능했던 까닭이다.

잘 알려진 대로 조선의 정치미학은 '변화'를 지향하지 않는다. 대신 '보존'과 '유지'에 초점을 맞춘다. 국가체질을 스스로 바꾸지도, 새롭게 만들어 내지도 못한 내재적 한계는 어제 같은 오늘만 하염없이 이어지길 재촉하고 있었다. 두려움, 혼돈, 방황, 퇴행, 복고, 반동, 무질서, 부적응의 말기 정치문화는 환희, 평정, 희망, 전진, 질서, 개척 같은 단어로 정확히 표현할 현상들을 생산해내지 못한다.

그럼에도 불구하고 세기를 중첩하여 지탱한 왕조는 변화의 수단보다 보존의 방법을 강구하는 데 치열하니 집착한다. 새로운 만듦과 구조의 바꿈이 왕조를 보수保守하는 튼실한 지름길임을 알지 못했던 유교국가는 군주를 세우고 그를 견제하며 정치 행정적 권력균형이 체제안정의 핵심이라는 자기주문에 종교적으로 빠져들고 있었다. 하지만 왕조사의 장구함은 정녕 탁월한 군주의 통치가 있어 가능했던 것일까.

견제 당하되 높이 있고, 무한 책임의 장본인이면서도 자리에서 물러나야 할 제도적 함정마저 피할 수 있는 그가 힘의 꼭짓점을 누빌 수 있었던 건 분명 외로운 특권이자 화려한 족쇄였다. 스물일곱명의 군주가 통치의 의무를 게을리 하지 않고 위민爲民과 후생厚生을 위하여 한결같이 애썼다는 평가는 그러나 손쉽게 끌어내기 힘겹다. 치적의 등가성이란 본디 생각하기 어렵고 후대의 인정 역시 고른 내역을 자랑하기란 좀체 어렵기 때문이다.

왕조의 생장력을 군주의 능력만으로 설명하기 어렵다면 의당 생각할 수 있는 게 바로 큰 전쟁의 드묾이었을 터다. 왜란과 재란, 호란이 있었지만 막아내고 견디며 버티는 삶은 조선이 겪은 외침이 체제의 급격한 단절이나 국가붕괴의 직접적 단초가 되지는 않기 때문이다. 나라의 운명과 생기生氣가 큰 전쟁이 없어 본래의 모습을 이어갈 수 있었다?

만일 왕이 나라를 잘 다스리고 전쟁 또한 국가 기반을 무너뜨리지 않을 만큼 충격 강도가 적절했기 때문이란 생각도 적절치 않다면 체제안정을 도모한 정치적 힘의 발원지는 다른 곳에서 찾아야 하지 않을까. '위'도 아니요, '밖'도 아니라면 당연히 '안'과 '아래'에 있었을 것이다. 민초들의 사회 경제적 긴장과 정치적 아연啞然함은 문화였을까, 아니면 의식적 관행이었을까. 하염없이 억눌리고 끝도 없이 주눅 들어야만 했던 신분사회의 질곡은 유교국가체제의 유지와 생장生長의 가장 중요한 원동력이지 않았을까.

그러나 사람들은 자주 잊는다. 권력이 지극히 상대적이며 덧없는 관계개념인 것을. 누르는 자는 본디 강하며 약한 자는 그 처지를 항구적으로 이어가기만 하리란 생각에서 좀처럼 빠져나오려 하지 않았던 건 힘의 변화를 겪은 적 없는 역사의 당연한 결과였을 것이다. 그리하여 약자의 의지와 기운도 융성하면 누르는 자 역시 허약해지고 겉으로는 비루하고 연약할망정 권력의 실질을 꾀할 수 있는 자란 하필 아래에 있는 자들일 수 있음을 세월은 숨기고 있었던 터다.

숨겼다기보다 알아보려 하지 않았고, 보인다 한들 모른 체 했다는 표현이 더 적합하지 않을까. 약해도 약한 게 아니며 강한 듯 보여도 기실 그 강함이 오래 갈 수 없는 현상 또한 정치적 생활세계에선 보편적이다. 하물며 역사 속에서도 이 같은 일들이 비일비재한 것은 권력의 속성이자 덧없음의 정도를 더해준다. 따라서 강자의 강함이란 본디 그들의 노력이나 자질 때문이라기보다 약자의 의도적 굽힘과 자발적 복종에서 비롯되는 것임을 잊어선 안 된다. 권력의 상대적 개념이 여기서 돋보이고 관계를 빼고는 아예 생각조차 할 수 없는 까닭이다. 복종의 가없는 학습과 역사로 각인된 기억의 관행이 세기를 거듭할만한 튼실한 자원이었음도 재론의 여지는 없다.

하지만 그 자발성 역시 위장된 모습을 갖춘다면 얘긴 간단치 않다. 인간의 인간에 대한 복종의 자세가 어디까지 온전히 우러나는 자발성이며 어디서부터 가식적이고 계산된 의

도성을 지니는지 그 경계를 가르기란 본디 불가능하기 때문이다. 그런 판국에 윗사람을 향한 아랫사람들의 '허리 굽힘'이 한결같음의 산물이리라 낙관한다는 건 분명 문제다. 특히 그것이 왕조사회를 관통하는 신료들의 경우라면, 오랜 세월에 걸친 정치적 태도의 평균값을 구한다는 것도 말처럼 쉽진 않다.

정리하자. 왕조체제의 유난스런 장구함은 그 까닭이 결코 간단치 않다. 그것을 언어와 문자로 분석하고 표현까지 무릅쓴다는 건 부담스럽지만, 어려움과 복잡함을 핑계 삼아 논의의 중심에서 벗어난다는 것 역시 바람직하진 않다. 체제지탱의 동력은 군주의 통치역량과 전쟁의 과소성에서도 찾을 수 있지만 정확한 관찰을 위해 렌즈를 당겨보아야 할 부문은 민중부문의 자발적 복종과 신료집단의 의도적 굽힘에 있었다는 것.

복종의 입체성은 왕조의 예외적 최장성을 담보한 정치자원으로 독특한 성격을 지닌다. 그것이 이 책이 다가가려는 우선의 대상이다. 이를 말해줄 역사의 실재實在는 얼마든지 담보할 수 있다는 점도 아울러 밝히려 한다. '작은 것으로도 큰 것을 설명할 수 있을까'라는 문제의식에 충실하려는 이유다. 과잉단순화의 우려를 충분히 감안하면서도 이에 주목하려는 뜻은 한꺼번에 모두를 말할 수 없을 때, 하나라도 천착할 필요를 강하게 느끼기 때문이다. 아울러 하나를 통해 전체를 내다볼 수 있고 체제운영의 단서와 정치적 작동 메커니즘을 읽을 수 있으리란 기대 때문이기도 하다.

역사의 창窓이 크고 넓거나 두터울 필요까지 없다는 건 필자 한 사람의 생각일 따름이다. 하지만 역사의 분석 단위가 미미微微하다 하여 행여 과거를 읽지 못하는 건 아니며 높은 곳에 올라서야만 잘 보이는 게 왕조의 세월이 아님은 적잖이 논의한 탐구의 대안들이기도 하다. 이른바 '미시사'와 '사회사' 연구가 그러하고 심지어 '구술사'와 '개념사' 마저 보편화하고 있는 요즘이고 보면, 개인의 경험과 기억까지 역사서술의 압도적 단초가 되는 일도 이제는 경이롭지 않다.

복종의 유형도 다양하여 비록 자발성을 띤다 하더라도 가식과 진정성을 판가름할 절대기준은 없으며 외형적 행태에서도 '순응'과 '동조'는 같지 않다. 게다가 속내는 다 같은 복종이되, 극단의 표출로 '침묵'과 '찬양'의 외양을 지니는 경우들 역시 또렷한 판별대상은 아니다. 상대를 '따름'과 '조아림'이 한결 같다 해도 굽힘의 형식을 변별하거나 정작 행위 당사자들의 심층심리 안에 무엇이 도사려 있는지 까지 검색할 객관적 장치란 마련하기 어렵기 때문이다.

왕권이나 사대부의 인습적 권위에 호응한 학문적 전통을 의식할 필요조차 없이 새삼 눈여겨보게 되는 존재는 권력에 빌붙어 더불어 호령하거나 함께 크고자 몸부림친 기생권력과 보조(좌)권력 도모자圖謀者들이다. 홀로 강하진 못하여도 기왕의 힘센 자 곁에서 자신의 존립기반을 찾거나 더 넓히기 위해 온갖 궁리를 아끼지 않은 이들의 생장력은 의외로 강인하였다. 그것은 곧 '부림'의 대가로 힘을 배우고 '굽힘'으로써 힘을 얻는 역설의 과정이었다.

무진장한 재고와 새로운 창출 자원을 항시 보장받는 권력은 아니지만 부리고 따르는 자들 사이에 오가는 힘의 교류는 조선의 경우 각별히 상호의존적이다. 복종이야말로 권력의 기원이자 지탱의 주효奏效한 자원이었다. 세습과 충성으로 제도 권력의 외형과 잠재력이 확장되고 있었다면, 깍듯한 추종과 가식으로 윤색된 자발적 복종은 보조권력의 외연과 저력을 키우는 역설의 힘이었다. 여기서 이른바 알아서 기는 유교국가의 반어법적 통치 메커니즘이 생성·유지된다.

필자가 '아전'과 '내시'의 정치적 존재양식에 주목하려는 것도 그 때문이다. 그들은 조선사회질서유지와 유교권력의 동원과정에서 독특한 복종을 통해 자신의 힘의 기반과 저력을 이어간 제도 직종이다. 이른바 보조권력의 속성을 공유한 그들은 약하지만 강하고 잠재적으로 튼실하였으나 현실에서는 취약한 신분정치거점을 잃지 않으려 애쓴 권력주변부의 중요 자원이었다.

정보의 출처와 인물의 소재, 언로의 흐름과 소통의 메커니즘을 독점하거나 왜곡·과장함은 물론 자신들의 정치적 목적 달성을 위해 어떤 수단이든 마다치 않는 일상의 모험은 흔히 말하는 권력형 부패니 사회적 타락이니 하는 용어를 무색케 한다. 그것은 이미 관례화한 국가적 폐단이며 중앙권력과 지방 행정력이 도리어 강하게 의존하지 않을 수 없는 힘의 단위였다. 권력의 기생성은 권력 그 자체가 민감하게 의식할 수 없는 무풍(지대)의 배양물이다. 아니, 알아도 어쩌지 못하고 성가셔도 눈감을 수밖에 없는 공생의 정치학으로 볼 일이다.

멀리는 보이되 가까이 있는 상대가 의외로 커 능能히 앞 못 보던 모순의 세월은 생각보다 길었다. 조선은 물론 고려조까지 걸쳐 두 왕조를 넘나든 기형의 복종이요, 가식적 순응이라면 그것은 권력의 일방적 확상이나 팽창과 또 다른 화두로 천착할 터였다. 그다지 오래도록 특정 직종이 왕조의 권력 가까이 있었다는 건 궁극적으로 지배세력의 의지였을 것이다. 설령 그 반대였다 하더라도, 아니 그 같은 가설적 사고가 일말의 설득력을 동원한다 하더라도 최고 권력의 허락 없이 권력의 파생과 균점均霑이란 게 도무지 가능했겠는가.

상대적으로 약한 자가 자신의 권세를 늘리기 위해 자리를 만들 수 있는 길이 완전 봉쇄되어 있는 왕조국가는 아니었다. 하지만 아무리 원한다 한들, 최고 권력을 향한 물리적 근접이 손쉽게 허여許與되는 건 아니었다. 게다가 한번 발 담그면 평생을 보좌할 여건을 마련하기란 간단한 재주나 능력일 수 없었다. '입궐入闕'과 '등청登廳'도 거저 되는 게 아니었다. 해질 녘까지, 아니 밤새도록 궁리하고 민첩하게 처신하지 않으면 제 자리 간수하는 일은 종묘사직의 지탱과 국가질서의 유지만큼 힘겨웠다. 어느 날 갑자기 큰 것이 생겨난 게 아니라 보이지도 않고 느낄 수도 없는 하찮은 것들이 모여 장엄한 결과물을 만들 수 있다는 것.

'휘두름to wield'과 '휘둘림to be wielded'이 권력 논의에서 새삼 중심이 되어야 하는 까닭도 그 때문이다. 높아서 휘두를 수 있는 게 아니라 낮고 얕은 이들이 북돋고 부추겨 그리할 수 있다는 생각. 부질없고 하릴없으나 높다는 건 덧없기 그지없다는 믿음. 약하고 여리다는 것 또한 상대적일 따름이며 비교의 준거가 있을 경우에만 의미의 최소값을 지탱할 수 있다는 시각. 크고 작거나 높고 낮다는 건 적어도 권력 세계의 한시적 현상이며 어느 경우든 관계를 전제하지 않고선 잠시도 헤아릴 수 없다는 인식.

'본디 강하다'는 논리는 따라서 성립하기 어렵다. 권력을 관계개념으로 보자면 그건 언제든 약해질 수 있다는 가능성의 예고이자 파멸의 전조前兆로까지 내다볼 일이기 때문이다. 뿐만 아니라 작은 것으로 큰 것을 헤아리려 들 때 작은 것들의 무한성과 그 한계를 무작정 용인할 수 없다는 사실도 유념해야 한다. 이루 다 헤아리기 어려운 정치적 작은 것들의 축적이나 군집이 곧 '국가'와 '왕조'는 아니며 작은 부분의 적실성the partial relevance도 치열한 천착과 엄정한 검증 없이 손쉽게 제기할 항목은 아닐 것이리라. 아전과 내시만으로 조선을 보겠다면 찰방察訪과 통인通引으로 유교국가를 읽는 작업도 불가능하진 않을 터다. 방백方伯과 수문장守門將의 눈으로 본 당대의 세상인들 또 어떨까.

부분이 곧 전체일 수는 없지만 전체를 설명할 기막힌 단서와 적합한 자원임을 세상은 자주 놓친다. 역사의 이름으로 뒤돌아보는 일도 새삼스럽다. 느끼고 동의하는 일과 치밀하게 들여다보며 천착하는 작업은 물론 같지 않을 터다. 어느 쪽이든 크게 달라질 현실이 아니요, 뒤집어질 과거마저 아니라면 관찰과 분석의 길에 나란히 할 외로움 혹은 괴로움도 각자의 몫일 것이리라. 하지만 구태여 이들 두 직종에 주목하려 함은 권력의 중추에 다가서려는 정치적 각별함과 모시는 자를 핑계 삼은 자기중심적 거점 확장의 극단(적 예외)성 때문이다.

정치권력의 중심을 의식할 겨를 없이 자기 직분의 수행 자체가 목적인 익명의 행정 권력은 성격과 역할에서 보조권력과 다르다. 특히 접근과 밀착으로 상대의 의중을 파악하거나 보좌를 핑계 삼아 시도 때도 없이 이익의 실재를 확인하는 이른바 탐문探聞의 정치력과 같지 않다. 그래서 높은 이의 곁에 늘 가까이 있다는 것은 존숭尊崇과 복종을 전제로 자신의 안위와 번창을 추구하려는 본능의 겉옷이며 강박처럼 다가오는 정치적 불안을 관리·조절하는 물리적 매뉴얼의 출발점이다.

그러나 행정 권력의 중추라 하여 전혀 다른 생각하지 않고 늘 본분에 충실했는지는 흔쾌히 긍정하기 힘들다. 단지 딴 생각의 가능성과 부피 그리고 정치적 계제의 크기와 기회의 반복성에서 아전과 내시의 경우가 도드라진다는 점은 작업을 이끌어낸 역사 속 힘이다. 그리고 그 예외적 힘들이 단순한 기운이나 징후를 넘어 체제의 '버팀'과 '생장'을 담보한 에너지의 정치적 실질이었다는 믿음에 밑줄을 긋는다.

보이지 않을 만큼 '작다'고 하여 '없다'고 인식하는 잘못은 되풀이하지 말아야 한다. 그러느니 차라리 작음으로 설명할 수 있는 큰 것들을 찾아 나설 일이다. 그것이 무모하거나 허황되기 때문에 더 신중해야 한다느니, 자료의 불충분을 무릅쓰며 역사를 재단하려는 과오 역시 지적으로 자제해야 한다는 인문적 비판부터 의식하는 소심함도 이제는 털어내자. '신중함'은 아무리 강조해도 지나치지 않을 단어이지만 그로써 발목 잡혀 한 발짝도 내딛지 못하는 과오는 사회과학적으로 거듭할 일이 아니다.

2016. 11.

無心川邊에서

지은이 박종성 씀

목차

I.

조선조 정치권력의 주변과 분화 :
보조권력의 자발적 복종

정치체제의 지속과 변화는 정치연구의 기본이다. 이를 결정하는 수많은 변수 가운데 권력도 중요하지만 이를 배양하는 문화와 조건은 무엇보다 주목해야 할 대상이다. 특히 권력 그 자체와 이를 만들어내는 조건으로 오늘의 정당과 투표에 주목하면서 선택 결과에 동의하고 암묵적으로 뒤따르는 정치적 생활세계는 무궁무진한 관찰 상대다. 정치교육의 주요 항목으로 정치질서와 정치변동도 흥미롭지만 정치과정에 매력을 느끼는 까닭이다.

그럼에도 불구하고 정치연구는 간단치 않다. 기왕에 만든 용어들의 모호함도 한몫 할뿐 아니라 현상 자체가 고정적이지 않기 때문이다. 고정불변의 오브제라 하더라도 그것을 표현하거나 그려 내기 여간 힘들지 않듯, 흔들리고 변하며 시시각각 달라지는 대상을 각도를 바꿔가며 탐구한다는 건 보통 일이 아니다. 게다가 아예 흘러간 세월에 꽂혀 이른바 역사에 취醉한다든지, 그것도 특정 주제에 매달려 비가시적 천착을 일삼는 일이란 가혹한 과업일 터다.

그러나 이제까지의 정치연구, 특히 국내외 한국정치연구의 주류는 제도 권력의 중심과 교체에 초점을 맞춰왔던 게 사실이다. 누가 언제 어떻게 정치권력을 장악하고 득표의 성격과 정권의 정체성은 무엇이며 자리의 바뀜은 어떤 모습을 취하는지가 주요 관심사였던 셈이다. 주제는 '높은' 곳에서 찾고 탐구의 방향은 '밝고 환한' 곳을 가리킨 정치연구의 지성사가 고스란히 인문학의 거울이 된 이치도 따지고 보면 기이할 리 없는 게 우리의 학문현실이다.

권력창출과정 그 자체나 사회경제적 환경의 민주성 여부를 떠나 권력의 존재와 변화가 지식의 향배를 결정했다는 사실은 바람직스럽지 않다. 권력의 아우라[1]가 정치학의 지평뿐

1 권력을 둘러싼 방대한 이론사나 정밀 추적을 목표로 삼는 연구도 엄연했다. 그 지적 계보와 다양한 논쟁의 단면을 압축적으로 살피려면 다음 참조할 것. 김구섭, 『정치권력과 민주주의』(서울 : 박영사, 1991); Steven Lukes, ed., *Power* (Oxford : Basil Blackwell, 1986).

아니라 사회과학 전 영역을 비추다 못해 인문학의 세계마저 뒤흔든 이른바 소재素材의 결정권까지 행사했다는 점 말이다. 그래서였는지 이 땅의 전통역사학 역시 전근대 연구의 기본을 왕조의 속살과 외피 추적 혹은 그 분식에 둔다. 한국의 인문학과 사회과학의 대종大宗이 약속이라도 한 듯 한결같이 제도권력 중심으로 모여든 현상을 정녕 우연의 일치라고만 바라볼 일일까.

까닭을 파다보면 다시 또 적잖은 지적 허기虛氣와 학문적 약체가 드러나겠지만 그건 여기서 다룰 시급한 목표가 아니다. 그저 단지 권력과 위세에 눌려 도무지 없는 듯 존재했고 여간해선 드러나지 않는 정치적 그림자의 세계를 일부라도 들여다보자는 게 미리 밝혀두려는 책의 의도다. 그것도 왕조사회를 지탱한 수많은 직책들 가운데 중앙권력과 지방권력 주변부에서 공(共·寄)생한 특정 존재들을 통해 그 동안 논의의 중심이었던 권부의 허구와 모순을 살펴보려는 것이다.

그렇다고 전통사학이 소홀히 한 문제들을 여기서 결정적으로 보완하겠다든지, 한국정치연구마저 외면한 조선정치권력의 이면을 밝히겠다는 결정적 호기豪氣로 무장하려는 건 아니다. 그것은 가능하지도 않을 뿐 아니라 무리한 생각이기 때문이다. 다만 전체 속의 하나를 면밀히 들여다보노라면 전체의 정체와 성격을 가늠할 유의미한 단서는 물론 새롭게 보아야 할 탐구의 빈터가 열린다는 사실에 착안하게 된다. 부분이 전체는 아니지만 때로 그 모습을 그릴 매우 중요한 인자이자 해석의 총체일 수 있다는 점 말이다.

인문학과 사회과학이 그처럼 천착하는 경우는 그러나 흔치 않았다.[2] 거의 모두가 거대담론의 신비에 막연히 빠져드는 동안 꿈같은 세월이 오리란 믿음을 잃지 않았던 건 그만큼

2 작은 것으로 큰 것을 설명하려는 시도는 그 자체로 버겁다. 그것이 결코 이기고 지는 싸움을 뜻하는 게 아님을 잘 알면서도 과감히 그 작업에 나서는 이들이 있다. 역사연구에서 '미시사microhistory' 탐색과 사회과학 연구현장에서 심층분석이 지니는 무게감은 만만치 않다. 후자의 대표업적이 찰머스 존슨의 '일본통산성*MITI* 연구'다. 국가를 알려면 국가조직을 들여다보아야 하고 조직의 운영을 파헤치다 보면 국가의 부의 축적과 경제적 저력까지 읽게 된다는 그의 분석은 소위 일본의 기적이 우연이 아님을 잘 반증한다. '하나'를 사정없이 천착하면 '모두'를 설명할 준거가 드러나고 그에 따라 시선의 지평을 넓히면 '전체'가 읽히는 학문적 까닭을 알 수 있다. 이에 대해서는 다음 참조할 것. 찰머스 존슨 지음·김태홍 옮김, 『통산성과 일본의 기적』(서울 : 우아당, 1983). 그런가 하면 '역사'의 집요한 추적은 또 다른 치밀함으로 빛을 발한다. 미시사 탐구수단으로 '구술사口述史'의 확장은 특히 중요하다. 기억의 현상학과 현장 복원의 논리적 지도地圖 없이 한 시대를 논하거나 나아가 역사 자체를 거명하는 것은 허구이자 위선일 수 있는 이유이기도 하다. 충남 예산을 뚫어져라 바라보고 거기서 신산한 삶을 견뎌내며 한 시대를 통째로 가슴에 담은 이들의 내면세계를 견결한 의지로 복구해내는 인문학적 노력이라든지, '농업과 근대'를 읽기 위해 전남 화순의 한 면에서 펼쳐진 지주들의 존재양식이 경제사적으로 어떤 의미를 지니는지 파헤친 작업들은 '작은 것'의 위대함을 유감없이 증언한다. 이들 연구에 대해서는 다음 주목할 것. 윤택림, 『인류학자의 과거 여행 : 한 빨갱이 마을의 역사를 찾아서』(서울 : 역사비평사, 2003); 홍성찬, 『한국근대농촌사회의 변동과 지주층 : 20세기 전반기 전남 화순군 동복면 일대의 사례』(서울 : 지식산업사, 1992).

현실이 절박하였기 때문이다. 그것이 결국 선택사항이 아니라 몽매간에 바라던 꿈이었다는 걸 깨닫는 순간, 세월을 견디던 모두의 마음은 더 허망하였다. 이데올로기와 사상 찾던 시절이 그랬고 허구한 날 배달리는 유토피아와 판타지의 속내가 한결 허하기만 할 때 지식의 무력감과 학문의 황망함은 그에 비례했었으니까. 기다리고 기다려봤자 기껏 다다른 희망 명세의 대부분은 오늘의 '보편적 복지'쯤 이었거늘.

지식과 학문이, 게다가 이론과 예측이 한낱 삶의 장식 정도로 전락해버린 이즈음 인문학과 사회과학의 존재이유를 돌아보는 일은 무기력과 허무를 재확인하는 새삼스런 의례가 된다. 그럼에도 불구하고 우리는 왜 그것들에 주목해야 하는가. 다음 몇 가지 항목은 이에 대한 문제의식의 틀과 답변의 소재를 암시한다.

1. 문학과 철학까진 그만두더라도 역사는 늘 흥미로운 거울이다. 현재는 과거의 미래이며 미래는 머잖아 현재의 과거가 될 것이기 때문이다. 되살아나는 과거도 눈여겨보아야 하지만 그렇게 축석·반복되는 현재는 암담한 미래를 여는 조심스런 열쇠로 어느덧 모두의 곁에서 성큼 사라진다는 데 주목하게 된다. 그렇다고 어찌 역사를 시간의 단순한 중첩이나 켜켜로 쌓아 올린 사건의 탑으로만 볼 수 있겠는가.

2. 지난 세월 전체를 거쳐야만 알 수 있는 과거도 아니요, 다가오지 않은 시간들을 모조리 훑어야만 가늠할 미래도 아니라면 충실해야 할 대상은 여전히 현재요, 현실이다. 하지만 그것이 묻어나는 과거의 흔적들로 가득하다면 현재를 느닷없는 발명품이나 기발한 고안의 결과물로 볼 수 없는 이치도 자명해지는 셈이다. 조선왕조의 물리적 단절만으로 유교국가의 지속성을 배제하거나 '섬김'과 '부림'의 행태를 역사의 시대구분에 따라 확연히 가를 수 없는 까닭도 여기에 있다.

3. 탐구의 지속보다 더 중요한 것은 동일한 대상을 향하는 지식의 단절 현상이다. 게다가 협업의 소원함을 이겨낼 학문별 근력 부족이다. 흔히 말하는 인문·사회과학이란 용어의 포괄성은 그 안에 이미 단절과 배격, 비판과 외면의 치명성fatality을 은연중 내포하기 때문이다. 우리의 학문간 장벽은 여전히 높고 두터우며 학제 간 연구의 중요성이야 관념으로만 선호하는 편이다. 지식의 독점은 삶의 독임을 잘 아는 사회과학이나 인간에게 자유의지를 빼고 나면 곧 죽음임을 누구보다 깊이 터득한 인문학이나 끔찍이 잘 알면서도 정작 서로를 끌어안지 못하는 독선은 깊어진 지 오래다.

4. 따라서 사회과학의 역사 다루기가 전통사학의 사회과학적 무관심 앞에서 자칫 냉소와 단절대상이 되는 까닭도 이해 못할 바 아니다. 이는 역사학 본연의 뿌리 깊은 불문율과 좀처럼 탈바꿈하지 않으려는 편견의 고착화를 염두에 둘 때 당연한 결과다. 역사란 결코 임의해석이나 자의적 분석대상이 아니라 치열한 기록과 성실한 보존대상이라는 의식은 선별적 믿음이나 탄력적 가설일 수 없(었)기[3] 때문이다. 그렇게 보면 사회과학의 역사 접근은 전통사학의 입장에서 볼 때 단순한 질시나 경계를 넘어서는 배타적 반감의 배양소로 작동하기 충분할 터다.

5. 그러나 역사학 보편을 감싸고도는 학문적 슬로니스slowness와 탐구지체가 사회과학적 신중성을 담보하는 영원한 준거일 수는 없다. 적어도 전통사학의 눈에 이 같은 시도 일체는 용납하기 싫은 지적 성급함으로 받아들여지기 십상이다. 굳이 원한다면 따로 진행할 역사연구이겠거늘, 이 땅에서 인문학과 사회과학이 흔쾌히 합의할 만한 개념을 만들어 냈다든지 깊이 파고들만한 공동의 연구대상이 있다는 얘길 유감스럽지만 들어본 적 없는

3 예전에도 그랬고 지금도 그런 상황을 동시 표현할 방법은 시제의 병기併記밖에 없을 것이다.

우리다. 보편이론까진 그만두더라도 상대가 기꺼이 수용할 역사용어나 언제든 변함없이 부를 역사사실의 호칭조차 만들지 못하는 까닭이다.

6. 현재로서의 역사를 의식할 때 근·현대사의 경우는 더 심하다. 시대를 소급할수록 사회과학이 틈입闖入할 여지는 더욱 좁아지는 것도 사실이다. 전통사학의 학문적 배타성도 그에 비례하는 편이다. 역설적으로 보아 이는 곧 사회과학이 근접조우해야 할 역사대상이 그만큼 깊고 넓음을 잘 암시한다. 바로 여기서 제도 권력의 흐름을 뒤쫓는 작업과 이를 파헤치는 일은 별개의 것으로 우리 곁에 다가온다. 추적과 분석은 다르기 때문이다. 뿐만 아니라 복종의 프리즘으로 정치권력을 굴절시켜보고 비루함과 간교함의 렌즈로 지존의 세계를 헤아리려면 왕실의 세도와 벼슬아치의 기운만큼 허약하고 덧없는 것 또한 없었음을 발견하게 되는 지난 역사다.

왕조의 역사를 복종의 관점에서 조준하려는 경우는 흔치 않았다. 기와의 골을 지붕과 추녀의 외양으로 헤아리는 일보다 빗물이 만든 낙수落水의 파인 자국으로 셈하는 작업도 궁극에는 눈길 바꿔야 가능했던 터다. 당연한 현상도 눈여겨보지 않으면 생소할 수밖에 없는 건 지극히 자연스럽지 않을까. 거의 모두가 높은 곳만 바라보고 있던 건 당연했다. 세습 군주시대의 왕이란 문제의 소재를 짚고 해결하며 암담할망정 미래를 그리는 정치주역으로 국가의 출발점이자 종착역이었음은 재론의 여지가 없다. 오죽하면 백성의 목숨까지 쥐락펴락하는 사법 권력의 종주宗主까지 독점하고 있었으랴.

엄밀히 따지자면 권력과 폭력의 경계가 극히 모호할 뿐 아니라 정치·행정적 역할분화 역시 도모되지 않았기 때문에 왕의 시대는 강고히 생장할 수 있었다. 권력의 자(임)의성이 높은 만큼 이에 조응하는 민중의 정치행태 또한 근대 이후 당연했던 이성과 저항 대신 '주눅'과 '공포'의 나락을 헤맨 것도 일상이었다. 그에 따라 '도발'과 '거역'은 곧 죽음이란 등식 관계가 형성된 것도 상식이다.

복종의 연구보다 '불복종'과 '혁명'이 더 매력적이고 '민주화'의 열정과 거역 못할 '자유'의 욕구가 '평등'의 꿈마저 자극한 건 자연적이지 않았을까.[4] 찬찬히 따지고 보면 굴신성con-

4 프랑스의 혁명전통과 정치적 열기까지 훑지 않더라도 2차 대전이후 각국 민주화와 그에 따른 정치변동의 역사는 당대 사회과학 탐구의 헤드라인이었다. '혁명'과 '저항'은 어느 나라든 피해가지 못할 공동의 화두였고 민주주의의 길은 운명의 역사였다. 가능하다면 모두가 본받고 싶은 프랑스의 사회혁명이지만 혹독한 대가와 후폭풍을 견딜 준비는 어림없었다. 하지만 설령 실패한 혁명일망정, 한번 시작한 구조적 정치변화는 되돌릴 수 없었고 19세기의 좌절은 결코 뒤따르고 싶지 않던 20세기였다. 설득력과 적실성은 그만두더라도 전근대사회의 복종과 순응의 모습을 정색하며 파헤친다는 건 그 자

tractibility / bendability에 대한 탐구가 뒤처질 수밖에 없었던 까닭도 여기서 배양되었을 터다. 누군가는 시작할 수 있었지만 선택과 집중을 요구하는 지적 작업에서 역사의 소란스러움은 힘이 아니라 분명 짐이었을 것이다. 하물며 혁명과 저항의 문화가 드물었던 국가의 경우는 어떠했을까. 가령 우리네처럼 말이다.

익숙하다면 더 깊이 들여다보고 한층 넓게 펼쳐볼 역사였다. '대듦'은 곧 죽음이요, '맞섬'이란 조금도 기껍지 않았다면 온순하고 조용한 '따름'의 힘 역시 민중의 정치력임을 왜 눈여겨보지 않는 우리였을까. 당연한 것에 대한 회의, 즉 상식 뒤집기가 역사탐구에서 새삼 중요해지는 까닭이 그 안에 있다. 순응? 동조? 찬양? 묵종? 아니 순종과 같거나 비슷한 행태? 비슷한 건 결국 같지 않음을 의미한다. 단어가 다르다는 건 그저 철자만 달리 쓰기 때문이 아니란 걸 이해하기까진 시간이 걸릴 터다. 하지만 크게는 같아 보이더라도 작게는

체만으로도 반동적이다. 가세트와 프롬, 소로우 등은 당대의 불복종연구를 이끈 대표적 담론메이커들이다. 특히 이들은 대중의 불복종과 저항문제를 학문영역에서 사회로 끌어냄으로써 사회과학 대중화에 이바지한다. 그 결과물들로 다음 참조할 것. José Ortega y Gasset, *The Revolt of the Masses* (New York : W. W. Norton, 1994); Henry David Thoreau, *Civil Disobedience and Other Essays* (New York : Dover, 1993); Erich Fromm, *On Disobedience and Other Essays* (New York : Seabury Press, 1981); *On Disobedience : Why Freedom Means Saying 'No' To Power* (New York : Harper, 2010).

애면글면 다르고 유별난 사연들 역시 허벅지게 묻어나는 게 뒤따름인 것이야 굳이 겪어보지 않고도 능히 알 일이다.

그렇다면 크게는 같더라도 작게는 다른 것이 '따름'의 세계일 것이다. 대체 그건 힘의 있고 없음과 어느 정도 연관이 있는 것일까. 힘이 없거나 약하였으니 뒤따르고 눈치 보며 뒤따랐다는 얘기도 가능할 것이다. 하지만 힘이란 본디 있고 없음의 세계가 아니었고 보면 약함 또한 복종의 영원한 핑계이긴 어려울 터다. 약자 앞에서 강자가 빛나는 법이라면 힘없는 자 또한 바로 그 힘 없음으로 인하여 (어둠속에서) 도드라지는 이치 또한 예서 분명해지지 않을까.

권력관계의 상대성relativity을 이처럼 구조적으로 이해하는 일은 힘의 등가성 혹은 근대계약이론에서 말하는 민중의 일반의지와 주권 아래 절대평등한 공동체 구성원들의 사회적 존재양식을 족히 연상시킨다. 물론 이 같은 생각의 자락들을 엄격한 신분제로 유지되던 조선왕조사회의 민중들이나 유교정치체제에 적용하기란 어림없는 얘기일 터다. 다만 여기서 강조하려는 것은 유교국가 조선의 정치적 인간관계 역시 상대론적 시각에서 살펴보아야 하며 세습군주시대의 권력도 선천(험)성이나 파괴불가의 절대 질량으로 파악해선 곤란하다는 사실 그 자체를 지적하려는 것이다.

바꿔 말하자면 군주정치체제의 사회 권력은 물론 집권세력 내부에서의 힘의 행사는 철저한 하방성下方性, 즉 위에서 아래를 향한 게 맞지만 그것은 대체적으로 굽힘과 따름을 작정한 정치적 약자들의 자발성을 전제한다. 주인 앞의 노비이든, 정2품 당상관 앞의 종3품 관리이든 이 같은 힘의 관계를 지탱하는 전제의 충족은 늘 암묵적이고 정치적이었다. 역설적으로 그 힘의 집행에는 엄연한 생존을 목적으로 한 민중의 정치성과 상전을 섬겨야 할 하급관리들의 자기중심적 판단이 개재했다. 뿐만 아니라 지극히 명민하고도 치밀한 합리적 선택이 화학 작용한 간단치 않은 자의성自意性willfulness을 작동의 골자로 삼는다.

그러니까 이제껏 복종이란 콘셉트는 단순히 권력이나 지배자의 대척점에 맹목으로 서 있거나 인습적 정치관행을 드러내며 아무 생각 없이 존재한 자들의 습관적 행태인 양 인식했던 게 사실이다. 하지만 복종은, 특히 왕조사회의 고분고분함submissiveness이란 정치적으로 각별한 이유와 심리적 명분을 지닌다는 데 착안할 필요가 있다. 그것은 유교의 정치교육이론이 심어 놓은 당대 인간들의 존재이유이자 사회적 생존전략이며 통치의 핑계로 더없이 훌륭한 편의적 개념이었다. 신분제는 이를 지탱하기 위한 사회적 족쇄로 매우 편리한 장치였고 대명률을 바탕으로 한 조선의 형벌은 민중의 복종을 완강히 담보할 가혹하고 지독한 도구로 본연의 합목적성을 유지한다.[5]

이 같은 조건을 돌파하기 위한 거의 유일한 정치수단이

곧 복종이었다. 엎드리면 피할 수 있고 꼿꼿하면 금세 다치는 체제가 전근대 조선의 국가 시스템이지만 이를 호도할만한 사회교육의 근간은 물론 강고한 편이었다. 예절과 의리, 군주의 덕성과 임금의 본분을 크게 내세우면서 아비와 스승의 권위는 물론 왕의 그것마저 순간 동일시해버리는 압도적 독선은 모두 다 안전하고도 확고히 민중복종을 동원할 적절한 이론기제들이었다. 게다가 처음부터 끝까지 다스림의 명분을 '위'에서 찾은 조선사회의 민중저항비용을 계산한다는 건 늘 죽음과 맞바꿔야 할 혹독한 부담이었다.

왕과 백성을 잇는 사회적 중간층위가 두텁기라도 했다면 얘기는 크게 달랐을 것이다. 하지만 널리 알려진 대로 계층분화와 사회역할의 전문화란 기대하기 어려웠고 간헐적 충돌일망정 그 속에서 국가의 최고 권력과 하층 민중의 갈등을 조율·완화할 모종의 완충구조를 찾는 일 역시 난망하기만 했다. 위와 아래의 구분이 항시 선명하고 행위의 겉과 속이 늘 선연히 대비되는 삶의 모습이란 서로가 물고 물리며 凹凸의 결합으로 간단히 하나가 완성되는 그것과 아주 흡사했다. 신분은 엄연하였으되 소통은 막혀 있고 사색은 왕성하더라도 교류는 불가능하기만 한 폐쇄사회에서 온전히 허리 펴고 사

5 이에 대해서는 다음 참조할 것. 박종성, 『조선은 법가의 나라였는가 : 죄와 벌의 통치공학』(고양 : 인간사랑, 2007).

방을 살피는 관찰행위란 가능한 낮게 엎드려 주위를 훑고 바로 다음의 행동을 면밀히 준비해야 할 민중의 행태를 앞설 수 없었다.

복종의 정치성에 담긴 복잡한 의미를 살피려는 이 책에서 다음 몇 가지 의심의 항목들이 솟구침은 어쩔 수 없다. 무엇보다 조선의 정치적 복종은 단순히 굴욕과 비루鄙陋의 동의어가 아니며 오늘에서야 가능할 것 같은 이익추구의 필수조건이었음을 제대로 인식하기 위해서라도 말이다.

1. '권력'과 '권위'의 의미를 연상할 때도 둘의 경계는 모호하다. 제아무리 두 개념 사이를 관통하는 의미의 변별력이 '강제성'과 '자발성'으로 확연히 나뉜다 하더라도 권력 안에는 어느덧 권위의 속성이 내재하고 권위의 주변에도 권력의 여운이 진하게 묻어나는 이치가 정치의 세계에선 불가피하기 때문이다. 권위를 지향하는 정치심리 속에 자발적 복종의 기운이 왕성한 건 사실이지만 그 기운이 지속되다 보면 복종의 익숙함은 이반과 일탈 혹은 배반의 가능성이나 반역의 가능성을 원천적으로 배제하는 또 하나의 권력으로 변모하게 마련이다. 자신이 지닌 가치의 박탈이 두려워 할 수 없이 복종하게 되는 힘이 권력이라 할망정, 세월의 축적은 그 같은 힘에도 존경과 경외의 기운을 동원하는 자발성이 개재하는 법이니 말

이다.

2. 이 같은 경계 용해溶解현상은 복종의 온전한 범주 역시 애매하게 만든다. 다시 말해 복종의 자발성이라는 것이 순수한 동의 아니면 익숙한 관행의 세계를 넘어 계산된 추종이나 경제적 판단에 기초한 합리성을 이미 감안해야 할 정도로 고도의 정치성을 흡수한다면 따름의 문제와 위장의 담론은 새삼스런 천착대상이 될 수 있기 때문이다. 살아있는 사람이 또 다른 살아있는 힘센 사람을 따르는 행위 안에는 과연 어느 정도의 순전한 자발성과 그렇지 않은 속성이 공존하는 걸까. 복종이 거짓 충성의 정치적 반어가 되거나 이를 다시 가리려는 위장술이 될 수 있는 가능성은 역사 속에 얼마나 열려있을까.

3. 복종에도 강제성과 자발성이 겹친다면 결국 일상으로 당연시했던 역사는 일단 의심해보지 않을 수 없는 대상이 될 터다. 정녕 역사 속의 전수全數조사라도 거치지 않는다면, 거의 모두가 믿고 있는 세습군주체제의 양순한 신하들과 묵묵하였던 백성들의 모습이란 겉과 속이 다른 불완전한 따름이요 불안한 굽힘이었을까. 아니, 그것은 온통 따르는 척 굽히는 듯 보이게만 하려 한 거짓 충성 아니면 허튼 맹세가 아니었을까. 게다가 결코 그것이

아님을 입증할 절대기준이란 기대할 수 없는 것일까. 상전을 향해 오롯이 끓어오르는 순도 백퍼센트의 충심衷心과 암묵적으로 기꺼이 그 마음 철회하는 정치적 배반 혹은 변절행위란 것이 다른 이도 아닌 같은 사람의 성정에서 비롯되는 경우라면 이를 이해할 객관적 준거란 있긴 있는 것일까.

4. 생존과 지탱의 절박함이 복종을 재촉하고 이를 기억하는 역사마저 인간을 휘몰아가는 게 여전한 현실이라면 굽힘과 따름은 스스로 버텨야 하는 모두가 살기위해 치르며 잊기 위해 숨겨야 했던 정치본능이 아닐까. 여기서 애써 쌓고 허물어야만 하는 자존심은 황폐해지게 마련이다. 중요한 것은 살아남기 위한 정치덕목의 하나로 힘의 비축을 도모할 자원을 최대화할 것. 그리고 자신의 속내를 누구에게도 드러내지 말 것. 순응과 동조는 복종의 길을 견뎌내는 최고수단이며 최장의 전략임을 결코 알리지 말 것.

당장 힘이 없더라도 궁극에는 힘을 얻고 최강의 존재로까지 클 저력을 기를 자원으로 복종만한 수단은 따로 기대하기 어려웠다. 이 같은 현상이 과거의 사史실로만 엄존하지 않고 지속적 현실로 나타나는 게 현재로서의 역사다. 상대의 복종이 주는 주관적 혐오와 주변에 따라붙는 의심의 정치적 자락들이 엄연하다 하더라도 당장은 제 앞에서 머리 숙이는 자 때문에 우쭐해지는 것이 사람들 본연의 초상이기 때문이다. 먼저 허물어지는 자 앞에서 느낄 수 있는 순간의 정서가 곧 허구적 권력이며 그 같은 기운이 영원하리란 착각으로 본능의 취약함을 달래는 이들 또한 소위 정치적 강자들인 까닭이다.

정리하자면 이렇다. 복종을 지배 권력의 대척점에만 놓고 이해하는 건 힘의 상대성이나 관계개념을 바로보지 않은 과잉단순화의 결과다. 복종은 그래서 권력의 반대개념이 아니라 엄연한 자원이자 스스로의 가치축적과 확장을 의식한 전략적 정치행위로 볼 수 있다. 역사의 시대에 이 같은 현상은 현실이자 흐름이며 기억이자 사건들로 넘치도록 혼재·공존한다. 다음 그림 역시 이를 이해하기 위한 좋은 방편의 하나다.

복종이 단순 추종이나 굴복이 아니라 일종의 계산된 정치행위일 수 있다는 역사의 근거는 조선을 관통한다. 그것은 조선의 사회생존전략이자 정치적 버팀목으로 신분을 매개로 한 계층전체의 상호보완적 키워드였다. 하지만 중세적 복종양식이 힘의 비축수단, 즉 권력자원으로 발전할 수 있다는 생각은 얼핏 이해하기 힘들다. 반어법적 설득력이란 강요의 대상이 아니기 때문이다.

복종의 자발성이 전제되지 않을 경우, 지탱과 생장이 힘

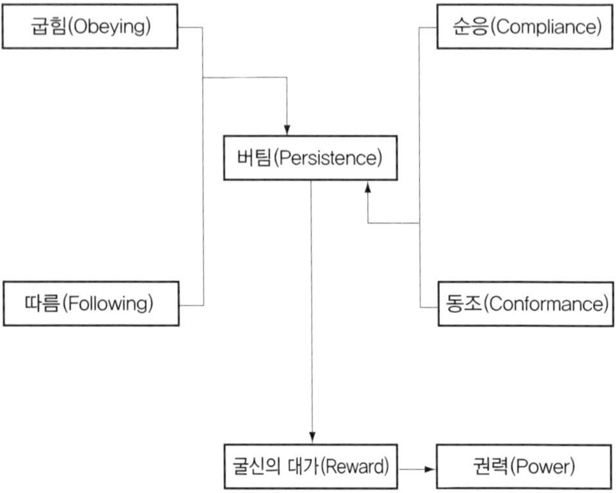

〈굽힘과 따름, 그리고 버팀의 정치전략〉

겨우 세습군주체제였다는 사실은 고스란히 전근대 정치체제의 문화적 취약성을 반증한다. 굽힘과 따름이 없는 왕실은 허구적 권력의 온상일 뿐이다. 이를 부추기는 정치 심리적 전제로 동조와 순응을 배제한다면 좀처럼 버티기 어려웠다는 점에서 왕실권력의 한계는 의외로 분명하다. 따라서 흥미로운 역설 한 가지는 이것이(었)다. 높은 자가 강한 건 본원적으로 그(녀)가 자리하는 위치에 있지 않았고 상대가 알아서 낮춰줬기 때문이란 사실 말이다. 당장 눈앞의 존재가 허리 굽히자 나는 그 (거리)만큼 높아진 듯 여겨진 착시와 상승효과는 여기서 무섭도록 덧없다.

높아서 높은 게 아니라 상대가 낮춰준 만큼 올라간 때문이란 해석을 뒤집으면 낮아서 낮은 게 아니라는 이해도 금세 온당해진다. 영원한 굽힘도, 항구적 지배도 불가능하다는 권력순환론에 기대지 않고도 이 같은 해식의 자연스러움은 단순한 물리적 법칙을 넘어선다. 낮은 자가 높아지는 이치는 따라서 낮음 그 자체를 불편함이나 거북함의 원인으로 받아들이지 않고 이를 최대한 활용하는 배양소로 여길 때 사회적 설득력을 지닌다. 정치적 굴신의 철학은 본디 빛과 호령號令과는 거리가 먼 까닭이다.

낮은 백성들 대부분이 삶의 곤궁함 때문에 헤쳐 나가야 했던 육체적 고통과 달리 의식의 안일을 구가한 것이야 또 다른 탐구대상일 것이다. 하지만 요령과 편법이 횡행하는 세상 속에서 권세를 갈구하던 하급관리들과 왕실 측근의 처절한 노력은 신분과 지위의 높낮이가 그들이 지니는 권력 크기와는 비례하는 건 아님을 잘 말해준다. 도리어 그 일련의 반비례 현상은 역사의 교훈이자 정치의 역설이었다. 그 흐름과 여파가 오늘날까지도 이어짐은 더 말할 나위조차 없이 말이다.

높아도 높은 게 아니요, 낮아도 낮은 것이 아니란 사실은 역사가 말하는 대단한 역설 가운데 하나다. 비록 한 평생 복종하더라도 그 방법이 자신이 노리는 정치적 목적의 유일한 해결수단이라면 기꺼이 그 길을 마다치 않는 경우의 수가 어김없기 때문이다. 권력자원으로서의 복종과 정치적 버팀 도구로 살인적 인내의 굴레를 자초하는 '낮은 인간'들의 암묵적 행진은 눈여겨보아야 할 사회과학적 탐구대상이다. 하지만 학문현실은 그렇지 않다.

역사의 정치적 반복과 정치질서의 역사적 이해에 담긴 복합적 의미를 탐구하는 일은 생각보다 제한적이다. 이른바 역사정치학the Historico-Politics이란 학제연구의 사회과학적 수용과 연구 층위뿐 아니라 탐구의 지속과 주변학문들과의 협업 인프라 역시 집요하거나 두텁지 않은 건 국내의 경우도 예외가 아니다.[6] 정치학 부문의 역사학적 친화력이나 역사학의 정치학적 접근노력이 사회학 부문에 미치지 못하는 현실은 차라리 고무적이다. 협업과 공동연구가 독자적 천착의 효율성을 앞설만한 학문적 기여의 원천임을 국내의 정치학 연구자들이 절감하지 못함은 여전한 한계지만, 그나마 사회

6 사회과학과 인문학의 학제연구 역시 수입의 결과였음은 여전한 우리의 한계로 남는다. 그 또한 영미지성사가 압도하고 자발적 융성과 통섭까진 그만두더라도 국내 학문간 협업조차 왕성하지 못했던 과거는 눈여겨보아야 한다. 그럼에도 불구하고 초보적 수준이나마 지적 참조가 이루어지고 해외의 주요문헌들을 국내에 소개·전파하려는 번역작업이 병행되었음은 주목할 필요가 있다. 특히 사회학부문의 역사학적 친화력이 자생성을 넘어 역사성을 지닐 정도로 꾸준한 천착의 여정을 보였음은 매우 긍정적이다. 1980년대 후반부터 오늘에 이르도록 연구대상의 편파성을 이겨낸 '한국사회사학회'의 노력은 저널, 「사회와 역사」의 간행으로 도드라지기 때문이다. 국내의 역사정치학 소개와 그 외연 확장을 의식한 작업들로는 주로 다음 참조할 것. 시노하라 하지메篠原 一 지음·김석근 옮김, 『역사정치학』(서울 : 산

학자들의 노력이 역사정치학의 미래를 암시·계도하는 현상은 바람직하기 때문이다.[7]

해, 2004); 차남희, 『저항과 순응의 역사』(서울 : 이화여자대학교출판부, 1997); 홍태영, 『국민국가의 정치학 : 프랑스 민주주의의 정치철학과 역사』(서울 : 후마니타스, 2008); 한국정치외교사학회 편, 『한국정치학에 있어서의 역사적 접근의 현황과 방향』(서울 : 대왕사, 1993); 필립 아브람즈 지음 · 신용하 옮김, 『역사사회학』(서울 : 문학과지성사, 1986); 데니스 스미스 지음 · 문현아 옮김, 『역사사회학 이론』(서울 : 학문과사상사, 1994); 테다 스카치폴 지음 · 박희, 이식, 박영신 옮김, 『역사사회학의 방법과 전망』(서울 : 민영사, 1995); 피터 버크 지음 · 이정옥, 김필동 옮김, 『사회학과 역사학 : 역사사회학 입문』(서울 : 한울, 1984); 브라이언 터너 지음 · 최우영 옮김, 『막스 베버 : 근대성과 탈근대성의 역사사회학』(서울 : 백산서당, 2005); 이남희 지음 · 유리, 이경희 옮김, 『민중 만들기 : 한국의 민주화운동과 재현의 정치학』(서울 : 후마니타스, 2015).

7 사회학과 정치학부문의 역사적 관심을 각기 정량화하기는 어렵다. 다만 역사의 문제를 다루기 위해 역사학적 방법을 체계적으로 활용하고 주변 사회과학의 분과 학문들이 활용할만한 지적 인프라를 구축하는 데 사회학의 기여도가 높음은 주목해야 한다. 특히 인과론은 물론이고 사례비교를 통해 새로운 설명 틀을 만드는 등 비교역사학적 관점에서 학문적 자극을 가하는데 사회학이 앞선 것은 누구도 부인할 수 없다. 하지만 지난 세기말부터 오늘에 이르도록 역사사회학 탐구의 주요대상이 혁명이나 집단행동 등 거시현상에 편중되었음은 한계의 하나로 남는다. 정치학 역시 전쟁이나 급격한 체제변화를 둘러싼 비교역사학적 방법론의 원용과 이론화 작업에 성공하지 못했음도 반성해야 할 사항이다. 기존 역사사회학 연구 가운데 비교역사학적 방법에 주목한 결과물들로는 주로 다음 참조할 것. Matthew Lange, *Comparative–Historical Methods* (Los Angeles, CA.: SAGE, 2013); Doug McAdam, John D. McCarthy, and Mayer N. Zald, eds., *Comparative Perspectives on Social Movements : Political Opportunities, Mobilizing Structures, and Cultural Framings* (Cambridge : Cambridge University Press, 1996).

하지만 아이러니컬하게도 정치학 부문의 자생적 학제연구는 사회학 부문과의 친화적 접근이었다. 학제연구의 선도적 사회과학 부문이 지니는 학문적 흡인력에 정치학이 접점을 찾는 경우의 수가 늘어나기 시작한 것이다. 계층과 신분, 계급과 공간분화, 직업과 세대, 지역과 성별이라는 인적 자원을 한 축으로 삼고 중·근세와 최근의 시간대를 넘어 현대라는 동시대성contemporaneity을 또 하나의 축으로 하여 이를 교차 회전시켜 보면 역사와 사회의 변화가 국가라는 또 다른 거대 공간과 만나는 일은 자연스러웠다.[8]

사실상 사회과학부문의 분과 학문별 친화력과 상호협력은 그나마 지적 통섭의 통로 역할을 담당한다. 경제학과 사회학이 경계를 허무는 동안 정치학과 심리학이 교류와 소통의 경로를 찾는 일이 흔해진 건 이를 잘 반영한다. 이른바 경제사회학이니 정치심리학 같은 용어와 분과융합이 일상화된 것이다. 문제는 그 같은 작업에 뒤따르는 임의성과 선별적 친화력이 궁극적으로 해석의 효율과 적실성을 보장·동원할 것인지로 모아진다. 개념은 녹아들고 방법은 합쳐지지만 정녕 그들의 작업이 전체적으로 유의미한 결론을 도출할 만큼 논리적 강건함을 담보할는지, 아울러 모든 분과학문이 합의할만

8 다음 연구도 그 같은 생각의 한 반영으로 볼 일이다. 박종성, 『백정과 기생 : 조선 천민사의 두 얼굴』(서울 : 서울대학교출판부, 2003).

한 보편의 학제언어를 만들어낼는지 여부는 아직 불투명하다.

국가와 사회의 연구도 경계나 개념의 울타리는 선명치 않다. 편의상 정치학과 사회학이 탐구의 책임을 자처하지만 그것이 각 부문별로 항구적 의무를 뜻하진 않는다. 다시 말해 정치학이 사회의 문제를 취급해선 안 된다는 금기도 없고 사회학이 국가의 영역을 침범하면 안 된다는 원칙이 사회과학에 별도로 마련된 건 아니기 때문이다. 뿐만 아니라 그 각기의 모호한 거대 공간들이 주제별로 논의의 분화와 확장의 장場을 마련할 경우, 그리고 국가와 사회의 공간분화가 유사성과 차별성이라는 차원에서 본격적 비교의 준거를 마련한다면 적어도 사회과학부문에서 학제연구를 넘어 분과학문의 독자성이란 한낱 공허한 개념이 될 가능성 역시 커질 것이다.

그렇다면 현 단계 연구 현실에서 눈여겨보아야 할 문제는 뭘까. 분석단위와 도구 자체의 여전한 광범위함? 공간적 광역성? 개념의 거시성과 의미의 성긺? 탐구의 간헐성과 비일관성? 흥미의 과잉과 적실성 확장의 부담? 분과학문의 지속적 존치이유와 학제연구의 외연 확대 사이의 불일치? 인문학과 사회과학의 경계를 넘어 자연과학과의 통섭을 도모할 지적 가능성의 크기 혹은 불가능성?

이에 대한 답까지 아우를 자리가 여기는 아니다. 단지 인문학과 사회과학의 근접조우를 의식하면서 조선사회의 예외적 지구력과 왕조체제의 정치적 최장성의 여러 원인 가운데 작은 것 하나를 찾아 학문적 적실성을 따져보자. 그와 동시에 우리는 왜 이 같은 작업 하나에도 그다지 인색하고 소원했는지 학제연구의 빈곤과 반어적 의미를 함께 살피자. 어느 분과학문이든, 이를 둘러싼 학문적 답변이 취약했다고 단언하긴 힘들 것이다. 어느 쪽 결론이든, 모두를 종합해도 위의 물음에 답하기 힘들다는 아쉬움은 새로운 탐구의 필요를 자극한다. 이 작업도 그 연장선상에 있다.

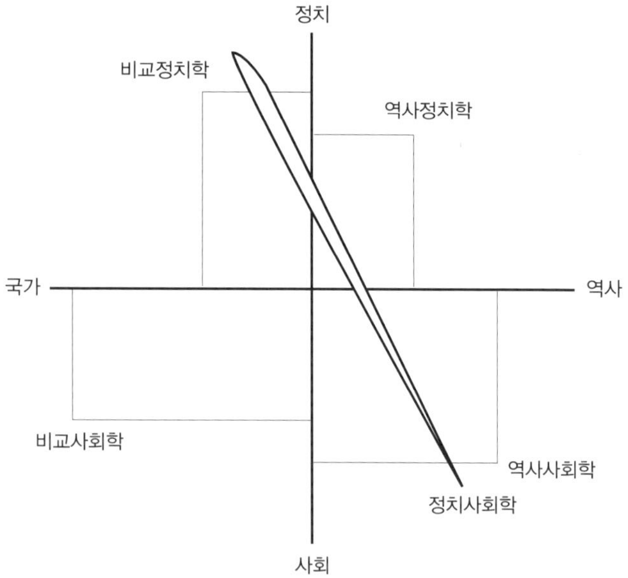

〈인문학과 사회과학의 경계 융합 : 정치·사회·역사, 그리고 국가〉

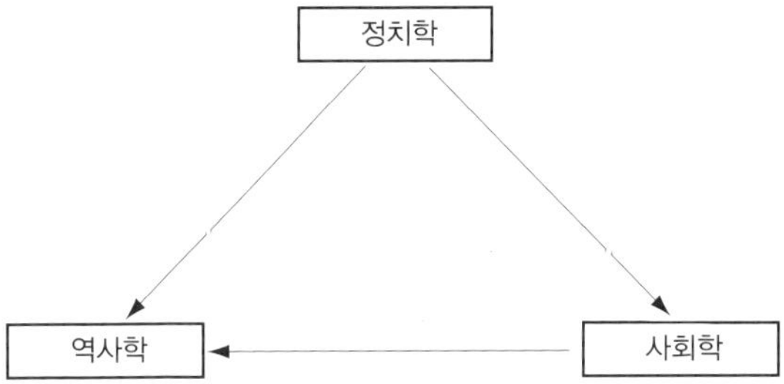

〈몇 가지 학제연구의 접근 강도〉

무엇보다 전통사학과 정치학의 단절은 두드러진다. 어느 부문의 책임이 학문적으로 더 큰지 따지는 일도 쉽지는 않다. 어느 쪽이든 먼저 다가서려는 지적 노력 없이 역사정치학이란 학제연구의 융성을 기대하긴 어려운 실정이다. 다만 정치학 진영의 주도적 접근과 학문적 적극성 없이 역사학 부문의 자발적 추동을 바라긴 어렵다는 사실에 다시 밑줄을 긋는다. 이 같은 역사학적 소극성은 사회학 부문과의 학제적 연합에서도 고스란히 반복된다.

전통 사학의 보수성이야 어제오늘의 일이 아니지만 오늘의 역사학도 새삼 나아진 건 없다. 역사학이 먼저 다가서는 학제연구의 풍요를 기대하긴 극히 어렵고 보면[9] 사회과학의 역사적 접근이라는 게 정치학과 사회학의 자발성 없인 거의

9 제한적으로 시도했을 뿐 예외가 없는 건 아니다. 역사학은 여간해서 권력변동위주의 탐구 자세를 버리지 않았기 때문이다. 역사학 부문으로선 정치

이루어지기 힘든 현실[10]이다. 역사학 진영의 학문적 폐쇄성은 그 자체로 독자적 탐구대상일 터다. 하지만 본디 보이지 않는 과거를 온전히 복원하고 아무나 할 수 없는 재현과업을 추진한다는 지적 자긍심은 굳이 주변학문과의 협업이나 공동작업의 필요를 자극하지 않은 게 사실이다. 게다가 역사란 해석 대상이 아니라 치밀한 추적과 확인이 먼저라는 평소의 인식은 감히 다른 지식세계가 이론으로 적용하거나 개념으로 범접할 대상이 아니라는 배타성을 양산한 것도 부인 못할 현상이다.

물론 이는 경향과 추세일 뿐, 경험적 전수조사를 통한 엄

학과의 학문적 교집합을 부담스럽게 여기는 것도 당연했고 거꾸로 정치학의 역사적 관심을 바라보는 눈길도 편치 않았다. 역사학 부문의 예외적 관심으로 사회학적 친화 경향을 보인 연구로는 다음 참조할 것. 김인걸, "조선후기 향촌사회변동에 관한 연구 : 18, 19세기 향권鄕權 담당층의 변화를 중심으로," 서울대학교대학원 국사학과 박사학위논문(1991); "17, 8세기 향촌사회 신분구조변동과 '유儒 · 향鄕'" 서울대학교규장각 한국학연구원(편),「한국문화」제11집(1990), pp. 303-340; "조선후기 향촌사회 통제책의 위기 : 동계洞契의 성격변화를 중심으로," 진단학회(편), 「진단학보」 제58호(1984), pp. 97-143; "'민장民狀'을 통해 본 19세기 전반 향촌사회문제," 서울대학교 국사학과(편), 「한국사론」 제23권(1990), pp. 233-273; "조선후기 향촌사회 권력구조의 변동과 '민民'," 서울대학교 한국문화연구소(편), 「한국문화」 제9권(1988), pp. 321-331.

10 다음 경우들이 대표적이다. 진덕규, 『한국정치의 역사적 기원』(서울 : 지식산업사, 2002); 김필동, "조선후기 지방 이서吏胥집단의 조직구조 : 사회사적 접근," 서울대학교대학원 사회학과 석사학위논문(1982).

정한 발견은 아니다. 지배적 현상만으로 현실의 고착성을 진단함은 문제지만 학문적 단절과 상호 배타성이 접근의 장해임을 지적하려는 것만도 이제껏 금기였던 현실을 말하려는 것이다. 그와는 별도로 역사학은 역사 그 자체의 치열한 고증과 훈고訓詁만으로도 본연의 역할을 다한다는 생각에서 여전히 자유롭다. 구태여 통섭을 의식한 주변학문과의 협업 지체가 본업의 고단함을 피할 명분이 될 수도 없다고 기꺼이 여긴다. 거절과 무관심은 전혀 다르다는 걸 잘 알면서도 인문학적 기다림을 무릅써야 하는 현실은 냉냉하다.

그러나 이 같은 학문 현실을 개탄만 하고 있기에는 연구의 접점을 넓혀나갈 영역들이 적잖다. 누가 먼저 접근하든, 아니면 어느 부문이 더 적실성 있는 탐구결과를 내놓든 연구의 가능성은 일상의 매력이나 지적 호기심을 넘어선다. 학제연구의 가능성이 이제까지의 상호침묵과 외면을 깨거나 새로운 탐구경로를 예시하기만 해도 그것은 적잖은 의미를 지니기 때문이다. 더욱이 독자성의 견고한 유지보다 공동연구영역을 확장하는 것이 역사의 정치적 이해와 정치현상의 역사적 분석을 위해 효율적인 일임도 두말할 필요가 없다.

앞서 살핀 세 학문단위가 각자의 영역을 고수하기만 하고 통섭과 경계용해의 계기를 외면한다면 이해의 폭이 얼마나 제한될 것인지는 금세 확인 가능하다. 이를테면 역사학은 과거 권력 그 자체의 진행과 변화 혹은 교체에는 주목했지만 정작 당대의 치열한 권력관계와 직능별 사회적 역동성은 외면한 게 사실이다. 그런가 하면 사회학은 사회학대로 개별 직업과 직업군에 눈길을 두었어도 직업의 정치화와 역사화 혹은 그 통사적 이해에는 취약했던 과거 역시 부인할 수 없다. 이 같은 상황에서 이를 매개·극복할 학문적 개연성이 정치학 부문에서 커지는 건 당연하다.

여기서 아전과 내시에 주목하려는 것도 그 때문이다. 그들은 한결같이 독특한 정치적 직업군을 이루되, 생계와 호구만을 위해 동물적으로 생존한 독자적 직능이 아니다. 직능 자체로는 보잘 것 없지만 전략적 굴신과 이유 있는 정치복종의 주체들로 왕조사회의 지탱과 국가적 정치행정질서를 담보한 중요한 존재들이기도 했다. 게다가 스스로는 존립 불가능한 세勢의 미약함을 외형적 개성으로 삼지만 정작 역사현실로 들어가 보면 강자의 최측근이자 물리적 보좌의 중추로 당대 최고 권력이 생각하고 움직이며 심지어는 잠자고 깨어나는 일체의 생활공간을 지근거리에서 공유·공존하며 판단의 순간순간을 담보한 '강자적 약자' 혹은 '약자적 강자'의 모순을 잘 반영한다.

복종이 곧 힘의 동원수단이자 집행자원이란 사실을 조선사회에서, 아니 그보다 더 거슬러서라도 능히 발견할 수 있다는 건 역사의 패러독스다. 게다가 이를 설명·추적·검증하기 위한 지적 인프라로 전통사학과 사회학만으론 모든 걸 걸

러내지 못하는 까닭도 자연스레 깨닫는다. 이들 직종이야말로 전통적 권력관계를 극명하게 드러내는 산 증거이자 독립변수임을 헤아리려면 정치학이 왜 필요한 지까지 포함하면서 말이다.

미시정치와 거시정치의 차이는 분석단위의 크기만이 아니라 시선의 굵기와 이해 정도에 따라 결정된다. 국가와 개인 사이에 집단이 있고 조직이 있듯, 사회와 세계 사이에 체계와 구조가 존재한다는 발상도 그래서 가능했다. 왕조의 역사를 군주의 빛나는 치적과 왕위계승의 흐름으로만 보면 백성은 물론 몸종과 역관들의 행렬이 보일 리 없다. 왕조의 역사가 찬연히 빛났던 것이 군왕의 출중한 능력 때문이었는지, 아니면 알아서 스스로 머리 조아린 수천수만의 양민들과 눈치 빠른 문무백관의 가식적 충성 때문이었는지도 시험관과 비커 beaker는 물론 측정에 필요한 시약과 알콜 램프 없인 어려운 분석일 것이리라. 하물며 외침과 전쟁의 횟수에다 내란이나 정변의 부피까지랴. 하지만 으레 거창한 현상의 기원은 하잘 것 없고 좀처럼 보이지 않는 일들의 천문학적 집적 때문이었다는 생각은 왜 진즉 내켜하지 않는 우리였을까.

자잘한 시선으로 들여다보면 개미보다 작은 미물들이 부산스레 꼬물거리고 정신없이 나부대다 때로 그릇된 단서를 만드는 게 역사였으리란 발상도 가능하리라. 하지만 크게는 옳은 길을 고른 민중이요 관리이며 군왕이었다는 해석도 가상할 터다. 늘 고상하고 거룩하게만 볼 필요까지야 없었고 보면 역사란 경험한 일들의 집적이거나 의도치 않은 행위의 결과일 수도 있었을 것이다. 하지만 눈길 바꿔보면, 그것은 겪지 않았던 사단들의 엄청난 결과이거나 생각지 않던 생각the unthinkable thinking들의 희한한 탐구대상으로 고스란히 남아있음에 소스라치기도 한다. 그럴 수밖에 없기도 했겠지만 걸을 수 있던 길을 피하거나 보지 못해 가지 않고 도저히 알 길 없이 다다른 데가 여기이며 덧없기만 한 때가 지금은 아닐까.

무언가 하고자 하여 이룬 결과였다기보다 하지 않았던 일들의 거대종합으로 오늘을 보면 역사는 불가해한 신비의 그늘로 들어찰는지 알 수 없다. 하지만 발상의 전환이나 환골탈태까지 생각할 필요 없이 본디 있었건만 보지 않던 곳을 적극 의식하는 일은 그 자체만으로도 중요하다. 누가 아전과 내시의 존재를 모른다 하랴. 하지만 새삼 그들을 문제 삼으려는 건 단순히 그들이 역사 속에 있었다는 사실을 확인하려 함이 아니다. 그들이 어떻게 살고 왜 민첩하게 움직였으며 주도면밀했는지 헤아리는 데 소홀했던 때문이다.

조선조 정치권력작동의 기본원리와 보조권력의 정치행태는 직접 관계가 없는 듯 보인다. 왕실과 양반, 지주와 관료 등 지배세력이 물고 물리는 서로의 의존관계를 전제하는 것처럼 하층계급은 또 그들대로 의지할 수밖에 없는 삶의 인과관계를 이룬다. 그런가하면 이들 사이를 헤집고 자기 권세를 넓히려는 틈새권력 역시 생존의 터전을 마련하고 있었다. 자존의 세도가 빌붙음의 권력과 같진 않지만 의외로 그들은 서로를 간절히 필요로 하고 있었다. 둘의 존재를 등가적으로 볼 수는 없어도 어느 한쪽이 배제된 권력은 이미 권력으로서의 존재 이유와 정치적 기능을 잃을 가능성 역시 적잖았다. 엄밀히 따지고 보면 모든 권력, 특히 군주시대의 권력은 자립불가·자존불가[11]·대행(위탁)불가의 힘을 나눠 갖는다.

가뜩이나 신분이라는 족쇄가 홀로 버틸 수 없는 불평등사회를 움켜쥐고 있었지만 어딘가 기대지 않고선 도저히 살지 못할 이들은 외롭고 괴로워 할 시간조차 누리지 못한다. 권력이란 이름의 힘을 거머쥔 강자의 곁에 다가서 버티기로 작정한 이들은 특히 그랬다. 아전과 내시가 조선의 행정직종

11 권세의 덧없음, 영속불가능성, 상호의존성을 일컫는 것으로 이해할 수도 있지만 끝없이 견제 당하고 언제 내려갈는지 전혀 예측할 수 없는 상황을 먼지 염두에 두어야 할 것이다. 그 같은 상황의 연속은 자리에 앉아있음이 곧 순간이며 부리고 후릴 힘이라는 게 본디 내 것일 수 없다는 속설없음쯤 보면 되리라. 권력을 지니되, 늘 지킬 수 없다면 홀로 의연하고 고고한 마음가짐이 무슨 의미가 있겠는가. 스스로를 귀히 여기는 일도 최소한의 의지대로 상황을 엮고 그 안에서 자유로울 수 있을 때 생각해볼 것이었다. 그렇게 보면 권력은 그 누구보다 이를 갖고 행사하는 사람부터 한없이 불편하고 성가시게 옥죄는 힘으로 다가온다. 복종이 지배보다 한결 편한 이치도 여기서 샘솟는다.

가운데 하필 눈에 띄는 것은 홀로는 도저히 버티지 못할 권력의존성을 역할 기본으로 삼았기 때문이다. 강한 자에 붙어 권력의 향기에 취하고 도도한 힘이 내뿜는 기운에 때로 질렸지만, 권좌의 중앙에 있는 자 역시 곁에서 아부하고 앞에서 조아리는 자들 덕에 한껏 홀리며 무너져간 정치적 상호공멸의 역사도 하루 이틀이 아니었다.

널리 알려진 대로 내시는 왕실공간에서 권력중앙을 떠받들되, 군주의 명을 출납·집행하며 공식·비공식 지시사항을 수행하기 위한 보조권력의 핵심이었다. 반면, 아전은 내시에 필적할만한 보조권력의 또 다른 단위로 지방행정권력의 말단에서 중추에 이르는 언로는 물론 자원과 정보전반을 장악·배분한 역설의 실질권력이었다.[12] 두 직종 모두 온전히 부정적 평가대상으로 몰고 감은 적합하지 않다. 모범적인 인물들도 얼마든지 있었기 때문이다. 다만 압도적인 부정적 조류를 일거에 뒤집거나 날려버릴 긍정적 현상은 제한적이었다는 점에서 아전과 내시를 향한 기왕의 편견은 사라지지 않는다.

모사謀事와 조작造作, 음모와 견제, 경계와 사주使嗾 혹은

12 행정적 역할의 공간분포를 보면 중앙에도 아전의 존재는 엄연하다. 다만 여기서는 논의의 편의를 위해, 그리고 내시와의 상대적 변별력을 의식하여 아전의 지배적 활동공간을 지방으로 한정할 따름이다. 중앙의 아전 역할에 관해서는 다음 연구 참조할 것. 신해순, "조선전기의 경京아전 연구," 성균관대학교대학원 사학과 국사전공 박사학위논문(1986).

염탐과 관음에 능한 이들은 스스로 서지는 못할망정 권세 있는 자들을 부추겨 정치 갈등을 자원삼아 이익을 편취騙取하거나 기왕의 신임을 바탕으로 권력을 도모한 대표적 기생직능이었다. 공간과 역할은 물론 그들이 처한 물리적 상황 등 전반적 차이에도 불구하고 아전과 내시는 서로의 처지를 거울처럼 비춘다. 욕심과 의심은 비례한다.

그것은 권력의 힘이자 짐이다. 게다가 정치권력을 장악한 이들의 공통된 약점이(었)다. 나아가 권력을 이용하여 권력을 만들어내는 일은 정치적 생활세계의 보편현상이다. 때로 권력을 이용하여 자신의 존립기반과 활동거점을 넓히기도 하고 상전을 겁박하거나 역이용하여 힘의 거점을 역전시킬 수 있음은 그 세계의 패러독스로 튼튼히 자리 잡는다.

그렇다면 본디 낮고 높음이란 정치구조가 위계화한 한낱 허울이자 신분사회가 강요한 강제 관행일 뿐이다. 견디기 나름으로는 얼마든지 조종 가능한 세상의 불편함 쯤이라고 이해하고 보면 그처럼 덧없고 부질없는 조건도 없었을 터다. 따라서 엄밀히 따지자면, 신분구조의 역설이란 권세를 장악한 자의 심리적 불편함이었을 것이다.

부림을 받아 고단한 육체를 끌고 버텨야하는 자들보다 상전들의 압박감은 훨씬 컸다는 사실은 자주 놓쳐버리는 문제 가운데 하나다. 낮은 자가 궁극적으로 높고, 높이 있는 자가 도리어 쉽게 곤두박질치는 이치도 세상이 만든 역설치곤 큰 것이었다. 높고 귀함이나 낮고 천열賤劣함이라는 것도 단지 신분과 계급의 자리로만 따질 수 없는 까닭은 이로써 이해의 최소한 윤곽을 다잡는다. 낮은 자가 높은 자를 움직인다는 아이러니는 물론, 보조권력이 배양·확장한 통치의 허구란 중앙과 지방 가릴 것 없이 군주지배사회에서 보편화한 현상이었다. 한번 권세를 타면 내려오기 힘든 기호지세騎虎之勢 그 자체에다 위압적인 경험으로 영락없이 막강한 호가호위狐假虎威로 이만한 힘들도 더는 없었을 터다.

작위적 성불구라는 결핍감으로 측은지심을 유발하고 그로써 왕실여성을 능멸하지 않을 것이란 신뢰감으로 정치권력과의 안정적 가치교환을 기대한 것은 힘 있는 자들의 일방적 생각이었다. 그것이 정작 소통의 왜곡과 정보의 차단 혹은 폄하·과장의 채널을 만들 듯, 중앙권력의 집행과 흐름을 뒤틀게 만든 측근의 위력은 지방권력 수행과정에서도 어김없었다. 불안정한 급료체계를 무릅쓰거나 아예 보상 없이 업무를 보조하도록 방임한 정치무능 혹은 무관심은 남성성을 제거하였기 때문에 왕실의 성정치적 균형이 보장될 것이라고 믿은 정치권력의 편의적 기대를 고스란히 되비춘다. 정치 행정적 비극이 반복될 수밖에 없었던 까닭이다.

둘 만으로 전체를 읽는 건 무리다. 마찬가지로 전체를 의식하거나 그에 다가서려는 지적 노력 역시 황폐하긴 매일반이다. 대신 정치적인 단서를 역사에서 찾아 천착의 단초를 확인하고 사실로 추적하는 건 시간이라는 가치와 더불어 요긴할 것이다. 한꺼번에 못한다면 하나부터 챙길 일이니까. 얻으려면 살아야 했고, 살려면 버텨야 했던 왕조의 삶이 아전과 내시만이 아니라 끝내 조선 민중 선제의 의무로 굳어갔던 과기도 잊지 말아야 할 역사였으니까.

중요한 것은 세습군주체제에서도 권력의 자기 확장이 가능하고 신분의 벽이 가로막고 있음에도 정치적 소통의 채널은 제한적으로 열려있었다는 사실이다. 그것은 주로 기존 권력을 의식한 정치적 인간들의 적극적 밀착과 자발적 굴신의 피나는 반복이 상대의 믿음을 담보할 때 최소한의 모습을 드러낸다. 권력의 자원이 정치적 인간 개인의 능력과 자질에서 배양되기보다 예외적 굽힘과 그 의지의 꾸준한 실천에서 담보되고 있음을 헤아리는 일은 더 중요하다. 굽힘이 힘을 얻는 의외의 경로였다. 그것은 지금도 유효하다.

II.

조선조 지방행정권력의 왜곡과 분열 : 아전의 굴신정치학

삶 그 자체보다 생존이 목적인 시대를 살피기란 간단치 않다. 그 시대를 살아보지도 않고 왕조사회가 목가적 질서로 충만한 중세와 근대의 혼존이라고 표현한다든지, 복종을 운명처럼 내면화한 낭만의 힘이 군주시대를 관통한 핵심 저력인 양 받아들이는 것도 마음 편치 않다. 그건 기껏 문학적 은유거나 아니면 상상을 거친 편파추론이란 역비판 앞에서 자유롭지 못하기 때문이다. 중요한 건 모두가 살아남아야 한다는 절박감에서 벗어나지 못하고 있었다는 점이다. 여러 형식의 인문학 작업에서 그 같은 상황을 희화화하거나 극적 극단성을 취하는 까닭도 따져보면 이 같은 절박감의 또 다른 반증일 터다.

더 정확히 표현하도록 애써보자. 살아남으려면 머리보다 눈이 빨라야 했고 바라보며 판단하되 실천에 이르는 전 과정은 긴박할 수밖에 없었다. 하기 좋은 말로 그것은 흔히 눈치나 잔머리 따위로도 묘사 가능하고 경계와 관찰을 위해 감각의 모공을 있는 대로 열며 대처하는 동물적 감응에 다름 아니다. 생존의 압박은 본디 삶이라는 추상명사와 친화하기 곤란한 콘셉트라는 사실을 잊지 않는 건 그래서 매우 중요하다. 밀리지 않으려면 앞서 갈 수밖에 없고, 아울러 멀리가려면 빼어난 재주와 기운을 뽐낼 필요가 있었다. 게다가 비상한 그 능력들을 적절히 숨길 줄도 알아야 했다. '멀리 간다는 것'은 양반과 지주와 관료들의 세습에 필적할 자기 근거의 정치적 지탱을 뜻했고 이를 위해서는 누구보다 강건한 존립의 핑계와 도주의 이유가 필요했던 것이다.

떠밀리지 않으려면 말려들지 말아야 했다. 복잡한 인간관계를 거꾸로 이용할 기지와 명분이 간절했던 것이다. 조선 백성 모두가 그러했음은 아니지만 불특정다수의 피치자들과 통치세력 사이에서 조금이라도 더 높아지고 편안해지려는 욕구는 권세를 활용, 등에 업히는 생존전략을 양산한다. 시민혁명이라곤 꿈조차 꾸지 못할 조선사회였을망정, 기대상승욕구마저 차단하긴 어려웠고 계층이동을 원천적으로 막는 신분사슬을 없애지 않은 채 억압의 사회조건을 돌파하기란 신분을 이용하는 길밖에 다른 방도가 없었다. 족쇄를 이용한 족쇄풀기란 그러나 순탄치 않았다. 평생토록 치러야 하는 대가와 긴장어린 나날을 통해 돈과 권세와 명성을 쌓는 동안 집권세력과의 공존은 궁극적으로 민중과의 괴리를 한층 심화시켰기 때문이다.

아전과 내시를 보면 조선의 지방과 중앙이 드러나는 것도 그런 까닭이다. 우선 아전이 몸담는 구체적 지평부터 살피자. 아전은 실체적 의미나 콘셉트이기 이전, 이미지와 상징으로 먼저 다가온다. 관청의 외양을 실제 하드웨어로 연상한 다음 바로 그 관아官[衙]를 뜻하는 건물 앞[前]에 존재하는 누군가를 생각하면 될 것이다. 심하게 상상하여 엎드려 있든, 눈은 예리하게 뜨고 있으되 단지 허리만 굽히고 서있든 중요한 것은 관청 밖에 그것도 앞이란 공간개념을 특정한다는 점이다. 이 점이 바로 아전이란 용어의 흥미로움이다.

이 같은 이미지를 전제로 상상을 확장하자면, 아전은 관아에 접근하는 누구든 가장 먼저 물리적으로 확인하고 볼일을 마친 후 퇴청하는 자들의 뒷모습까지 작정하고 낱낱이 챙길 수 있는 독특한 직책이다. 뿐만 아니라 가만히 서 있기만 한 기계적 존재가 아니라 오가는 자들의 거동을 확인·간파함은 물론, 관아 출입의 실질적 이유를 찾아 사람을 붙이거나 막는 행정통제의 실질주역으로 군림한다. 중요하지만 자주 놓치는 사항은 따로 있다. 아전은 단일직종이 아니라 복수의 집합 직능collective roles을 총칭하며 다양한 직종들을 중재할 뚜렷한 기준 없이 역사적으로 혼용, 동일시했다는 점이다. 중앙에도 있고 지방에도 엄존했지만 역사가 증언하는 결과론적 폐단이 후자로 몰리는 까닭도 상식으로 기억하는 우리다. 역할의 다양함만큼이나 아전의 호칭 역시 역사적으로 복잡하고 중첩적이다.

신해순은 이렇게 나눈다.

> 조선시대에 중앙과 지방 관료기구의 말단에는 행정실무와 각종 잡역에 종사하는 아전이 소속되어 있었다. 이 가운데 중앙 각 관아와 관원 등에 소속되어 있는 아전은 경아전이라 했는데 『경국대전』에 의하면 녹사錄事·서리書吏같은 동반東班경아전과 조예皂隷·나장羅將·제원諸員 같은 서반西班경아전으로 구분된다. 당시에는 동반경아전은 서리胥吏 또는 이서吏胥로 불리고 있었으며 서반경아전 특히 조예·나장은 사령使令이라고도 불렸다. 이들 경아전은 상·하급 구분이 가능하다. 동반경아전의 경우 녹사가 상급서리라면 서리는 하급서리였다. 서반경아전도 굳이 구분한다면 제원이 상급아전이고 조예·나장은 하급아전이었다. 그런데 조선말기의 한 기록에 의하면, 동반경아전 즉 서리는 기술관·향리 등과 함께 상급지배 신분층인 양반신분과는 구분되는 하급지배 신분층 즉 중인 신분층이었다. 이에 반해 서반경아전

은 부역제에 따라 양인들이 동원되었기 때문에 신분상으로는 양인이었다. 특히 조예·나장은 일수日守·조군漕軍·수군水軍·봉군烽軍·역보驛保와 함께 칠반천역七般賤役이라 하여 사회적으로 천대받고 있었다. 이처럼 조선시대의 동반경아전과 서반경아전은 제도적으로는 같은 경아전이었어도 어디 소속이냐에 따라 신분의 차이가 있었다. 이는 조선시대에 문무의 차별이 있었다 하더라도 신분상으로는 같은 양반이었다는 사실을 감안하면 그보다 더 큰 차이였다고 할 수 있을 것이다.[13]

압축하면 아전은 중앙과 지방관아업무를 보조하는 다양한 행정직종들을 감싸는 용어다. 아전에도 직급은 엄연하여 위아래가 있었고 이는 역사로 이어진 관행이자 제도 권력의 주변문화로 정착한다. 아전을 부르는 명칭도 복잡하여 경우에 따라 직종의 다양성이 주는 혼란만큼 이칭異稱의 효과가 예기치 않은 오해의 이유가 되는 것도 사실이다. 결과적으로 아전이란 용어의 광의성은 물론 치밀한 관찰과 직능별 이해의 준거를 마련하는 일이 중요해지는 이유다.

크게 보면 아전의 신분위치는 (일상적으로 인식하듯) 중인

13 신해순, 앞글, p. 3.

반열에 포함된다. 하지만 이 또한 첨예한 계급의식이나 집단적 자각의 주역으로 혁명과 사회변혁을 주도한 서구의 시민이나 산업혁명기 전후의 신·구 중간계급을 뜻하지 않는다. 지배세력과 민중 사이의 거대한 골을 메울 만큼 구조적으로 방대하거나 정치적으로 활력적이진 않지만 억지로 비유하자면 유럽의 쁘띠 부르주아지와 룸펜 프롤레타리아트 사이 어딘가에 자리할 정도의 신분적 유동성을 반영한다. 물론 이는 제도나 사회가 문화로 허여한 신분이동의 예외적 관행이 아니다. 그렇다고 신분갈등의 완충지대도 아니고 계급갈등의 조절기제로까지 작동할 안정성을 자랑하는 것도 아닌 예외적 중간지대로 자리한다.

전근대 신분제도의 특징 가운데 대표적인 부분은 지배세력의 육체적 편안함을 도모하기 위함이었다. 차마 제 스스로 감당키 어려운 신체부담을 덜기 위해서라도 하층신분은 물리적으로 필요했던 터였다. 정신노동과 함께 이들을 부릴 특권을 포함, 하층신분의 도발과 저항까지 배제할만한 권력을 행사할 수 있었던 것은 결국 지시와 명령을 위반할 경우 본인이 무릅써야 할 가치박탈과 그에 따른 공포의 예시효과를 자각한 불가피한 결과였다. 아전의 신분위상이 지니는 특성 이전에 주목할 것은 그들 역시 이 같은 공포의 예비효과에 남달리 예민했고 행정적 지배계급 역시 아전의 정치적 약점을 최대한 활용하는 주역들이었다는 사실이다.

그럼에도 불구하고 천민과 양인을 넘어 양반·지주·관료로 이어지는 지배세력 가까이 근접할 만큼 세습군주사회의 예외적 신분질서가 만들어지고 직능을 통한 실무효과를 과시할 수 있었던 것은 그들의 민첩한 정치적 자발성에 기인하지 않는다. 아전의 역사적 정착은 아전계급의 노력의 산물이 아니라 지배세력의 장구한 제도적 고려와 합리적 선택의 결과였다. 멀게는 삼국시대 후기로까지 거슬러 고려조는 물론 조선조 말까지 튼실히 지탱한 아전의 존재감은 관행이자 제도요, 역사이자 문화였던 셈이다. 행정적 보좌와 실무적 보완 일망정, 배려와 위민 차원이 아니라 어디까지나 지배세력이 편하기 위해, 그리고 상급자의 편의를 도모하기 위한 치밀한 고려의 결과로 아전은 자기 역사를 쌓는다.

약삭빠름이 상향적 신분이동의 절대자원은 아니었다. 그래도 지배세력에 근접할 사회적 능력일 수 있다는 사실은 묵인되고 있었다. 그 때문에 세상 뒤집어질 리 없고 손해 볼 것도 전혀 없는 상전들이었다. 세습군주사회, 특히 조선을 비롯한 이 땅의 왕조가 관료중심의 지배질서를 용인한 결과다. 삶의 행복이 노동과 자본축적에서 자연스레 배양되는 게 아니라 과거급제와 제도 권력의 중심으로 파고들 자기역량을 키우는 데 있었고 보면 출세와 천거, 즉 벼슬길에 나서는 일은 우선의 사회가치였다.

아전은 신분제약 때문에 본원적으로 상향이동이 차단된

폐쇄사회에서도 기를 쓰고 노력한 이들의 제한적 전취 결과다. 그렇게라도 하여 신분격상과 사회적 천대를 면하려 몸부림친 의사疑似관료주의의 폐단은 컸다. 생래적으로 양반이 될 수 없고 유일통로인 과거시험에 응하지 못해 관료란 꿈조차 꿀 수도 없으며 대지에 온전히 발붙일 공간마저 없는 이들에게 지주의 위치란 머나먼 이상향에 지나지 않았던 터다. 그럼에도 불구하고 벼슬아치의 범주에 적극 다가서려 한 자들을 구실아치라 일컫듯, 관리 일반의 하위개념으로 '구실바치'란 콘셉트도 그처럼 가능했다.[14]

힘에 부칠망정, 어떻게든 관직에 가까이 가려했던 자들 혹은 기어이 이를 성사시켜 관직을 보조했거나 더불어 호령했던 자들로 아전의 의미를 단순화할 수도 있다. 결정적 과오만 없다면 조선의 관료는 평생을 보장받는 지배계급의 일원

14 '구실'의 뜻은 19세기에 이르러서야 비로소 오늘날 자주 쓰는 '자기가 해야 할 맡은 바 일'이란 의미를 지닌다. 하지만 표기는 같더라도 뜻은 아예 다른 용어로 출발한 순우리말이다. 역사적으로는 '관직官職'의 의미를 갖는 '그위실 〉 구위실 〉 구우실 / 귀실 〉 구실'에서 남겨진 말이다. 혹은 관청에서 일하는 이들의 직무 그 자체로 통용되기도 한다. 이 말은 『선종영가집언해禪宗永嘉集諺解』(1464, 序 : 13)에 '그위실'의 형태로 처음 나타난다. '그위실'은 '관직'의 의미 이외에도 이미 16세기부터 '조세', '부역'과 '직역'의 의미도 아울러 갖고 있었다. 하지만 표기가 같아 자주 혼동하지만 이를 '핑계'의 의미를 지니는 한자어 '구실口實'로 이해하지 말 일이다. 일례로 '그위실ᄒᆞ다'란 동사는 오늘의 용어로 바꾸면 '벼슬하다(벼슬아치가 되거나 벼슬길에 오르다)'의 옛말이다.

으로 권력행사는 물론 그에 따른 온갖 부가가치의 축적과 향유를 당연시했던 전근대의 대표부류다. 바로 그들이 평생의 긍정적 준거the positive reference가 되어 후대 사대부들로 하여금 정치 행정적 역할모델을 삼게 한 건 오랜 관행이었다. 하지만 온전히 그 자리를 획득하진 못해도 비슷하게 이루고 가깝게 시늉하는 자들로선 (오늘의 심리용어로 콤플렉스까지 연상할 여유조차 없이) 절박하기 이를 데 없는 사회적 상대였다.

아전은 무시못할 구실아치이자 보조관직으로 과잉 성장한다. 그들의 실세지평이 조선만으로 국한되지 않고 고려조 이전까지 소급함은 이미 지적한 바와 같다. 특히 고려조와 조선시대의 품관 이외 하급관직을 일컫되 중앙과 지방 모든 관아에서 기록과 문서, 전곡錢穀을 관장하던 말단행정직 종사자들로 인식된다. 앞서 지적했듯, 아전의 다양한 직종과 그들을 아우르는 용어의 복잡함은 두드러진다. 이는 종종 그들을 둘러싼 역사의 편견을 더하는 데 이바지한다. 기왕의 부정적 선입견이 경우의 수만큼 확장, 각기 화학반응하기 때문이다. 아전은 주로 '이吏'(혹은 연음화하여 '리')로 표기하지만, 이는 주로 관리일반과 넓게 혼용·통칭되므로 한자 원문으로 해석할 경우 유의할 필요가 있다(벼슬아치+구실아치).

그러나 아전의 이(별)칭으로는 '이속'과 '이서'가 빈도로 으뜸이며 이들을 뒤집어 '속리'나 '서리'로 쓰는 경우도 적잖다. 비주얼visual보다는 버벌verbal을 고집한 사대부 중심의 문치사회가 빚은 당연한 결과지만 다음은 역사의 기록으로 자주 등장하는 아전의 별칭 표기 중 대표적인 것들이다. 실은 같은 대상이지만 부르고 쓰기를 달리 하다 보니 마치 서로 다른 존재를 지칭하는 것처럼 여겨질 때도 많다. 이는 곧 [지역·소속·호칭]이라는 의도치 않은 보조권력단위들을 양산하는 무의식적 기반이 된다. 중앙과 지방의 지역변수와 동·서반이란 소속 차이까진 그만 두더라도 명칭의 분화와 다름은 또 다른 편견의 원인이었기 때문이다.

아전의 별(異)칭
이속吏屬 · 속리屬吏 · 이배吏輩 · 이서吏胥 이원吏員 · 노리老吏 · 현리縣吏 · 문리門吏

부정적 편견대상인 아전의 존재감을 역사적 호칭의 여러 관행이나 그 반복적 혼용 탓으로만 돌리는 건 문제다. 하지만 같은 대상을 굳이 복잡하게 부름으로써 아전에 대한 일관된 용어 사용을 피한 대가와 기왕의 선입견을 넘지 못한 일들은 역사교육의 한계였을 것이다. 그럼에도 불구하고 역사 속의 아전의 실제를 사실로 파악하는 일은 이 같은 문제 인식에 앞선다. 그들은 대체 어떤 존재였을까. 우선 경계해야 할 사항은 그들에 대한 막연한 거부와 반감일 터다. 무조건적 폄하와 함께 암암리에 지나치는 역사적 무관심 또한 마찬가지다. 역사적 존재양식을 이해하는 데 평균값이란 개념은 온

당치 않지만 온갖 편견과 모순을 감안하더라도 기왕의 폐단의 벽은 그들에 대한 가치중립적 해석을 방해하는 것 또한 사실이기 때문이다.

조선 아전의 행적을 둘러싼 편견의 토대는 고려조에 있다. 두 시대를 관통하는 정치 행정적 공약수는 적잖지만 조선조가 아전에 대해 지녔던 부정적 사고의 벽은 고려의 경우보다 높다. 중앙에서 파견한 지방관들이 향리가 되고 일정 기간이 지나면 신분격상이 이루어지는 걸 보면 보조권력에 대해 고려가 조선보다 상대적으로 후했던 사실[15]도 인정하지 않을 수 없다. 하지만 고려조 역시 상전을 보좌하는 물리적 노동과 신산한 역할을 통해 자신들의 안위를 추구하려 했음에 주목하자면 그때도 역시 정치적 보완과 적극적 신분상승에 주된 관심이 있었음을 잘 알 수 있다.

15 신해순은 이렇게 말한다. "서리는 고려시대에는 대체로 10여년 정도 복무한 뒤 품관으로 진출하였다. 그러나 조선 초기의 하급관리인 이전은 자신이 거관去官하는 품계에 따라서 달랐다. 즉, 7품 거관하는 자는 실사實仕로 9년, 8품 거관하는 자는 7년, 9품 또는 권무權務로 거관하는 자는 5년 이상을 각각 근무해야만 거관할 수 있었다. 이것은 실사로 따진 기간이므로 근무 중의 휴가·결근 등이 보태진다면 실제 복무기간은 그보다 1-2년이 더 보태진다고 할 수 있다. 또한 태종대 이후 이전사만吏典仕滿자가 거관의 엄체淹滯현상으로 거관의 차례를 기다리기까지 그대로 근무해야 했기에 복무기간은 현실적으로 더 길어지게 되었다." 신해순, "조선초기의 하급서리 '이전'," 한국사학회(편), 「사학연구」 제35호(1982), p. 58.

다음은 고려조의 다양한 이속직과 그 호칭을 압축한 결과다. 중앙과 지방, 기술직으로 확장된 고려의 이속직이 조선 보조권력의 토대가 됨은 이로써 설명 가능하다. 이들의 역할 또한 조선의 그것을 크게 넘어서지 않는다. 바꿔 말해 그들이 있어 지배세력의 몸과 손이 편했고 다리가 안일했다. 더 엄밀히 따지자면 지배세력들이 해내지 못할 (혹은 하기 싫어 할) 궂은 역할과 성가신 일들 앞에서 기꺼웠던 셈이다. 글을 대신 쓰거나 심부름을 다니고 침을 놓거나 음식을 만들며 짐을 옮기거나 하염없는 사역에 군말 없이 나서야 했음은 물론 사신들의 수발과 창고지기의 임무마저 깔끔하게 해내야했던 터다. 그런다고 굳이 고마워 할 상전들도 아니었고 불만스럽거나 고깝다 한들 언제 끝날지 전혀 알 수 없는 역할의 고단함이었다. 노동의 대가가 액면의 임금으로 환원되거나 하다못해 높은 위인들로부터 진솔한 감사의 속내와 인정을 기대할 수 있는 체제가 신분사회는 결코 아니었으니 말이다.

경쟁에 의한 신분이동이나 그 경로 차단이 분명하던 세습군주사회에서 그나마 품계의 격상을 허용한 일[16]은 이변이

16 이에 대해서는 다음 참조할 것. 이정수, "고려초기 향리제의 정비과정," 연세대학교 교육대학원 역사교육전공 석사학위논문(2001); 박은경, "고려후기 지방품관세력에 관한 연구," 이화여자대학교대학원 사학과 석사학위논문(1981).

고려시대 이속의 직능과 호칭		
중앙관서 : 서리직胥吏職	지방관아 : 향리직鄕吏職	기술직 : 잡역雜役 · 잡류직雜類職 · 잡로인雜路人
주사主事 · 녹사錄事 · 영사令事 · 서사書史 · 사史 · 서령사書令史 · 감사監史 · 감작監作 · 서예書藝 · 기사記事 · 기관記官 · 계사計史 · 산사算士 · 서자書者 · 서수書手 · 장고掌固 · 급사給事 · 별가別駕 · 주보注寶 · 대조待詔 · 의침사醫針史 · 의사醫士 · 공목孔目 · 승지承旨	호장戶長 · 부호장副戶長 · 병정兵正 · 창정倉正 · 호정戶正 · 부호정副戶正 · 공수정公須正 · 식록정食祿正 · 객사정客舍正 · 약점정藥店正 · 사옥정司獄正 · 부병정副兵正 · 부창정副倉正 · 부공수정副公須正 · 부식록정副食祿正 · 부객사정副客舍正 · 부약점정副藥店正 · 부사옥정副司獄正 · 사史 · 병사兵史 · 창사倉史 · 공수사公須史 · 식록사食祿史 · 객사사客舍史 · 약점사藥店史 · 사옥사司獄史	전구관殿驅官 · 당인堂引 · 감선監膳 · 전설典說 · 당직堂直 · 전식典食 · 당종堂從 · 공선供膳 · 공설供設 · 주약注藥 · 주식酒食 · 장설掌設 · 약동藥童 · 구사驅史 · 문복門僕 · 주선注膳 · 막사幕士 · 주의注衣 · 대장大丈 · 장수杖首 · 전리電吏 · 소유所由 · 선랑仙郎 · 정리丁吏

다. 중인계층으로의 편입이 제도화된 조선조 아전들이나 품계 이동을 통한 신분변화를 경험한 고려조 이속들이나 모두는 꾸준한 인내와 굴종의 사회적 대가다.[17] 하지만 그 같은 사

17 여말선초 이속 직능의 부분적 변화를 압축하자. 고려의 이속직은 집권과정에서 관인층의 세습적 재생산과 지방세력 흡수 등 새로운 사회체제를 구축

회변동의 미미함에 감동하는 일보다 앞서는 것은 두 왕조를 넘나들도록 장구한 기간은 물론, 10세기 이상 아전들이 겪어야 했던 사회적 홀대와 물리적 노동의 총량이었을 터다. 사회적 편견의 역사와 그에 따른 폭력의 부피는 그만큼 혹독했다.

그들이 치른 일들의 내역과 사회적 편견의 질량을 경험적으로 추론하기란 쉽지 않다. 역사의 전수조사라는 게 현실적으로 불가능한 까닭이다. 하지만 이보다 더 효과적인 방법이

해야 하는 시대적 요구의 결과였다. 즉, 고려 관인지배체제의 형성과 유지를 위해 이속직 역시 세습신분으로 일정한 역할을 부담함으로써 다스림의 한 부분을 담당한다. 그 직능은 성종조에 이르러 제도화된다. 향리직 역시 성종조의 개혁으로 지방통치체제에 편입된다. 문종조에 이르면 이속직도 체계화하여 경제적 급부로 갱정전시과更定田柴科 체제에 따라 서리직과 잡류직에게는 15과 이하 18과의 토지가 주어졌고 향리직에는 직전이 지급되는가 하면 민전民田을 소유하기도 한다. 한편, 이속직은 각기 입사직入仕職과 미입사직未入仕職으로 서열화된 조직을 갖고 업무를 수행한다. 그들은 대개 6단계 서열로 나뉘어 있었는데 인리人吏라 부르는 입사직과 하전下典이라 칭하는 미입사직으로 구별한다. 향리직은 호장에서 제단사諸壇史에 이르는 9단계, 잡류직은 4단계 서열로 나뉘어 입사초직入仕初職과 잡류의 미입사직으로 구분한다. 향리직은 과거와 서리직을 통해 문반으로 나아갔고 무반진출은 여건이 수월했다. 잡류직은 원칙적으로 품관이 될 수 없어 천시했지만 인종 때는 과거 응시를 허락하기도 한다. 5품 이상 귀족자제들은 음서직蔭敍職으로 서리에 나아가기도 한다. 그 뒤 품관으로 진출하는 데 제약은 없었다. 고려후기에 이르면 입사직의 상급서리는 현령·감무 등으로 충당되기도 하고 하급품관의 관인을 충당하는 방도로 이속직이 활용되기도 한다. 조선조에는『경국대전』편제에 따라 이속직을 통한 품관진출이 막히고 드디어 아전이라는 별개 중인층 관직으로 정착한다. 중앙에는 경아전京衙前이 있고 지방 외아전外衙前에는 6방房 등속等屬이 있어 향리라 부른다.

권력부문의 인식세계를 통한 이속직의 반어법적 이해다. 역사의 기록은 다시 이들에 대한 생생한 접근을 허여하기 때문이다. 역사에 산재한 이속들의 행적과 그에 대한 부정적 인식은 기이할 정도로 흔하나. 특히 왕조의 교체기미저 그 같은 인식이 되풀이되고 있음은 예외적이다.

다음 두 기록은 이들을 향한 권력부문의 인식이 얼마나 모순 가득한지 극명하게 말해준다. 동정과 홀대라는 이율배반은 한국의 전통사회가 얼마나 이중적이었는지 아울러 잘 반영한다. 조선의 개국 직후, 교지를 통한 태조의 훈시와 정책기조발표에서 아전들의 직무를 제한하려는 뜻이 명백하게 드러남은 예외적이다. 오죽하면 왕의 입을 통해 특정 직종에 대한 정치 행정적 동정의 뜻을 밝히려 했던 것일까.

어디 그뿐이랴. 개국의 뜻을 강력히 천명하면서 그 정치적 기정화의 의지를 재확인하는 같은 해(1392), 한 관리의 입을 통해 드러난 이속직능의 홀대와 그 무의식적 확인은 참담하기까지 하다. 태조 이성계와 시중 조준의 말을 차례대로 듣자.

> 중외의 대소신료와 한량·기로·군민들에게 교지를 내렸다. 외방의 이속이 서울에 올라와서 부역에 종사함이 기인其人과 막사幕士와 같아 선군選軍을 설치함으로 그 임무가 있었으나 법이 오래 되매 폐단이 생겨 노예와 같이 노역을

하니 실로 원망이 많다. 지금부터는 일체 모두를 폐지할 것이다.[18]

시중侍中 조준趙浚이 아뢰었다. "신이 듣건대, 금년에 밭곡식이 풍년이 들지 않았다고 하니 마땅히 전세의 징수를 가볍게 해야 될 것입니다. 그러나 한갓 명령만 내리고 효과가 없다면 도리어 간사한 이속吏屬의 농간弄奸만 되고 백성은 이익을 받지 못하게 될 것입니다. 원컨대, 특별히 조관朝官을 파견하여 밝게 바로잡아 시행하소서." 임금이 말하였다. "금년에 논밭의 곡식이 충실하지 못하다면 강릉도·삭방도 등에는 논이 적고 밭은 많으니 더욱 감면하도록 하라."[19]

이속의 농간이란 표현이 개국 원년에, 그것도 왕을 대면한 신료의 입에서 거침없이 나올 정도라면 그들의 부정적 행

18 태조 1(1392)년·壬申年 7月 28(丁未)日 ; "敎中外大小臣僚, 閑良, 耆老, 軍民 : 外吏上京從役, 如其人, 幕士, 注選軍之設, 自有其任, 法久弊生, 役如奴隸, 怨讟實多, 自今一皆罷去." 『조선왕조실록』【태백산사고본】1책 1권 43장 A면·【영인본】1책 22면.

19 태조 1(1392)년·壬申年 10月 1(己酉)日 ; 侍中趙浚啓曰 : "臣聞今年田穀不登, 宜薄其斂. 然徒令而未有實效, 則反爲猾吏竊弄, 民未受利. 乞特遣朝官, 明正施行." 上曰 : "今年田穀不實, 則江陵, 朔方等道, 水田少而旱田多, 尤加蠲免." 『조선왕조실록』【태백산사고본】1책 2권 7장 A면·【영인본】1책 32면.

각은 일상의 기억과 크게 다르지 않았을 터다. 특히 개국에 들뜬 14세기말마저 이 같은 주장을 기정화함은 (그들의 패악이 최고조에 달하는 19세기말을 염두에 둘 필요조차 없이) 고려조 말기는 물론 왕조 전체의 평가를 부정적으로 몰아넣는다. 이속과 아전을 포함하여 같은 대상을 복잡하게 부르는 용어의 문제를 포함, 중인들에 대한 역사의 평가는 사실상 간단치 않은 쟁점들을 양산한다. 그것은 보다 치밀한 기준과 객관적 평가 틀을 요구한다. 이속과 중인의 행적을 출신성분에 따라 나눠볼지, 직능과 귀속기관의 성격 혹은 개인별 업무결과로 평가할지 아니면 중앙과 지방이라는 공간분화와 그 각기 차이에 따를 것인지 부터 분명히 해야 하기 때문이다. 아울러 고려에 이어 조선이라는 장구한 정치사회체제까지 함께 논의하자면 위의 기준에 적합한 시대구분의 문제까지도 고려해야 할 터다.

물론 조준이 주장한 농간의 의미는 그의 주관적 판단과 전래적 편견이 순간적으로 합성한 결과였을 것이다. 태조의 교지 역시 이 같은 폐해와 부정적 편견을 의식하지 않았다기보다 위민과 덕성을 골자로 하는 통치명분을 최대한 살리고 당대의 사회통합을 먼저 고려하려는 정치적 조치의 하나로 볼 일이다. 적극적으로 들여다보면, 유독 중앙에 파견된 이속들의 직능과잉이 시정될 경우 지방에 대한 왕의 배려와 특정 직종에 대한 그간의 선입견이 경감될 계기가 마련될 수 있고 그 효과마저 증폭시킬 수 있다는 반어법적 의미도 숨어있음을 알게 된다.

그러나 어떻게 보더라도 직급차이와 관계없이 동 시대를 이끈 이들의 생각이 얼마나 대조적이며 편견처리에서도 차이를 보이는지 이를 통해 잘 알 수 있다. 문제는 왕이 가리려 들거나 품으려할망정 이속과 아전의 존재가 유화적으로 바뀔 리 없고 신료의 인습적 비판과 우려가 지속되어도 그 개전改悛의 계기를 찾을 수 없었다는 정치사회적 항상성에 있었다. 뿐만 아니라 아무리 좋게 보려 해도 켜로 쌓여있는 부정적 편견의 더께가 모범적이거나 예외적으로 바뀔 만큼 행적의 균형도 꾀하기 어려웠다.

아전들의 행적을 둘러싼 역사적 편견이 부정적일 수밖에 없는 이유의 대부분은 그들의 경제적 처지와 변명의 정치과정에서 비롯된다. 특히 아전들에게 정기적으로 급료가 지급되지 않았다는 사실은 이 같은 편견을 한결 자유롭게 하거나 경우에 따라서는 당연시하기도 한다. 불특정 다수에게 국가가 공식적으로 급여를 주지 않았다는 것은 결국 해당 관아 스스로 알아서 지급하라는, 즉 자체 예산으로 해결하라는 의미였다. 처음에는 일정 면적의 토지를 공여했지만 세종조 이후로는 소속부처 자체적으로 충당하라는 뜻에서 이 관행을 중단한다. 그 결과 관아의 예산이 향리들의 봉급으로 빠져나가자 가뜩이나 제한된 예산이 줄어드는 건 당연했고 이를 벌충하기 위해 부정과 부패가 판친 것도 불 보듯 뻔했다.

고려와 조선을 넘나들며 지방관을 중앙에서 파견하고 지방 호족과 토호의 자제를 중앙에 볼모로 잡아 지방행정의 고문구실을 일삼던 제도(其人)나 특히 조선 전기에 궁중잡역을 위해 지방백성들을 소집한 처사는 지방 세력의 성장과 도전을 견제하고 중앙집권을 강화하기 위한 대표정책이었다. 나아가 중앙관서의 서리와 고직庫直·사령 등 하례下隸와 지방관서의 아전·장교 등이 상급자인 관원을 고소하거나 지방 향직자가 관찰사나 수령의 고소를 금하던 이른바 부민고소금지법 같은 제도를 활성화한 것은 지방의 성장을 막으려는 왕실의 정치적 목표와 맞닿는다. 향리들을 봉급에 얽매이게 하려는 의도도 이 같은 정치·정책적 판단과 맞닿고 있었다는 생각이 가능해지는 까닭이다.[20]

20 고려와 조선 가릴 것 없이 세습군주체제에서 아전은 중요했다. 왕의 중앙정치력이 지방의 세세한 현장까지 미치는 데는 시·공간 제약이 클 수밖에 없었고 누군가는 공권력을 대표해야 했기 때문이다. 아전들은 이를 대체할 대표 직능이자 현지 임장臨場 최적의 말단관리로 활약한다. 아니 차라리 군림할 필요가 있었던 공석 존재였을 터다. 특히 백성들에게 세금을 걷어 이를 중앙에 조달해야 할 역할은 그 중추였다. 따라서 누구보다 청렴해야 한다는 요구와 현시적 조치의 하나로 무급無給노동의 합법화는 아전에 대한 중앙의 정치 행정적 명분으로 그럴듯한 논리를 담는다. 해당 관서 스스로 이들의 급료를 충당하라는 요구는 당연히 착취에 따른 부패와 그 역기능을 암묵적으로 승인하는 것이었다. '알아서 주라는 것'은 '알아서 챙기라는 뜻'을 내포한 셈이다.

밖에서 보는 안은 어땠을까. 프랑스 신부 클로드-샤를 다예[21](Claude-Charles Dallet : 1829-1878)는 『조선교회사서론』에서 아전을 한껏 부정적으로 묘사한다. 그 역시 그들이 국가로부터 노동의 대가를 돈으로 받지 않는다는 사실에 주목한다. 외국인들의 눈에 비친 구한말 조선의 현실이 기이하게 여겨졌던 건 당연했을 것이다. 그는 이렇게 말한다.

> 각 고을에는 아전이 상당수 있다. 그 중 중견이 되는 6, 7명은 국왕 아래 있는 판서들이 가지는 관명과 비슷한 직함職銜을 가지고 있으며 규모는 작지만 똑같은 성격의 직능을 담당한다. 왜냐하면 각 고을의 직제는 중앙정부의 모델에 따라 조직되었기 때문이다. 그렇기 때문에 이들은 상당한 권한을 가지며 또 때에 따라서는 보통 이들의 하인으로 취급하면서도 이들이 하는 대로 이끌려가는 수령보다도 더 많은 권한을 가지기도 한다. 그 밖의 아전은 서기, 수위 등

21 Dallet라는 인명을 표기하는 국내 방식은 크게 둘로 나뉜다. '달레'와 '다레'가 그것이다. 여기서는 관용적으로 가장 옳은 발음인 '다예'로 수정 표기한다. 그의 작업에 대한 국내문헌들로는 다음 참조할 것. 샤를르 달레 지음·정기수 옮김, 『조선교회사서론』(서울 : 탐구당, 1975) ; 샤를 달레 지음·정기수 옮김, 『벽안에 비친 조선국의 모든 것 : 조선교회사 서론』(서울 : 탐구당, 2015). 이들보다 앞서 한국어로 번역한 작업한 결과물로는 다음 유의할 것. 양승두, "다레 저著 『조선교회사(1874)』 초역 : 법원·아전과 포졸·감옥·형벌," 연세대학교 사회과학연구소(편), 「사회과학논집」 제1집(1965), pp. 135-149.

이거나 혹은 수령에 딸린 하인이다. 이들 전원은 사회 안에서 특수한 하나의 계급을 이루고 있다. 이들은 항상 자기들 계급 사이에서만 결혼을 한다. 그들의 자손은 같은 직업을 계승하며 임무를 수행하고 지속히는 재주에 따라서 직무의 고하에 차이는 있지만 대대로 그 직무를 맡는다. 이들이 없으면 행정이 전혀 불가능한 것처럼 말하는 사람도 있는데 사정을 살펴보면 일리가 있는 말이다. 이들은 온갖 책략, 음모, 계략을 겪었기 때문에 솜씨 좋게 인민을 착취하고 고을 원으로부터 자기 자신을 방위하는 일에 정통하여 있다. 모든 사람이 이들을 파면하고 축출하고 욕하고 등나무 채찍으로 때려도 이들은 모두 참고 그 자리에 돌아갈 기회를 잡으려고 기다리며 어떤 경우에는 너무 엄격한 수령을 내쫓기조차 한다. 이들은 서로 자리를 차지하려고 여러 도당으로 나뉘어져 있기는 하지만 자기집단의 이익이 위태로울 때에는 잠시 자기들의 싸움을 잊어버리고 상호 부조한다. 그들이 가진 근본적인 좌우명은 항상 고을 원을 속이고 지방사무의 운영을 될 수 있는 한 불가능하게 하여야 된다는 것이다. 이것은 그들로 보아서는 사활의 문제이니 그 까닭은 그들 대부분은 정기적인 급료를 받고 있지 않으며 또 급료를 받는 사람도 이것을 만져보게 되는 일이 극히 드물기 때문이다. 한편으로는 인민을 등쳐서 고을 원의 한없는 탐욕을 만족시켜 주어야 하며 또 한편으로는 자기와 자기가족의 부양비로 많은 경비를 써야 되기 때문에 이들은 기만과 사취詐取로만 사는 수밖에 없는데 이들은 이것을 정당한 이익으로 보고 자행한다. 만일에 이들이 이렇게 착취하는 비밀 자원이 고을 원에게 알려진다면 고을 원이 즉각 이를 가로채게 될 것이며 이들은 굶어 죽는 수밖에 없을 것이다. "만일에 불행히도 고을 원에게 극히 좋은 물건을 주었다면 그는 항상 그 물건을 받으려고 할 것이며 우리는 그를 만족시킬 수는 없을 것이기 때문에 그는 우리들을 못살게 굴 것이다."라고 어느 날 한 아전이 다부뤼 신부님의 전도사 한 사람에게 말하였다.[22]

낮아도 한없이 높으며, 높이 있건만 초라하기만 한 게 왕조의 권력이었다는 자조적 해석도 이 정도면 가능하지 않을까. 권력의 실질이란 자리가 담보하는 게 아님은 분명했다. 아전 때문에 나라 망할 것이란 극한의 주장마저 세상에 횡행한 것도 무리는 아니었으니 말이다. 이들의 횡포 말고도 왕조의 몰락을 재촉하는 당대의 위기구조야 깊을 대로 깊었지만 아전의 압도적 폐해는 일상의 탄식과 분노를 손쉽게 넘어서는 엄연한 현실이었다.

22 양승두(1965), 윗글, pp. 139–140.

문제는 악화가 양화를 구축하는 지경을 넘어 악 없이 나라꼴이 유지되기 어려웠다는 절망의 보편화였다. 반듯한 수령이 부패한 아전 등살에 제 자리마저 보전 못하고 밀려나는 지경까지 염려해야 할 정도면 조선은 나라도 아니었던 셈이다. 그의 말을 좀 더 귀담아 듣자.

> 조선에서는 돈이나 (권력의) 보호가 없이 권리만 가지고 있을 때 (그 권리를) 올바로 실현한다는 것이 얼마나 어려운지 쉽게 알 수가 있다. 이론적으로는 누구나 자유롭게 고을 원에 나아가서 소청을 제출할 수가 있다. 그러나 실제에 있어서는 법원의 출입구는 아전이나 포졸에 의해 완전히 막혀 있기 때문에 좋든 싫든 그들의 손을 거쳐야 하며 또 직접 소청을 고을 원의 손에 넘겨주는데 성공했다 하더라도 아무런 이익을 거두어들이지 못할 것이니 그 까닭은 이런 절차를 밟음으로써 그는 하급관리의 전능한 세력을 적으로 삼았기 때문이다. 뿐만 아니라 먼저 법원의 하급관리에게 제소하는 것이 관례가 되어 있으며 만일 사건이 중대한 것이라면 하급관리들은 회합을 하여 고발해야 할 사항, 숨겨야 할 사항, 시인해도 무방한 사항, 부인해야 할 사항, 그리고 끝으로 어떤 방법으로 어떤 견지에서 법관에게 이 문제를 제출할 것인지를 검토한다. 그 다음에 이들은 금액의 다과에 따라서 승소를 책임진다. 극소수의 고을 원만이 아전

의 세력에 대항할 용기나 이들의 음모를 좌절시킬 재주를 가지고 있을 뿐이다. 조선의 재판에서 정의가 이룩되지 못하는 또 하나의 이유는 거물들이 간섭하는 데 있다. 판서, 국왕의 처첩, 현관顯官 등의 집에는 일단의 노복과 하인이 있으며 이들은 상전의 보호를 받기 위해 보수를 받지 않고 봉사하며 또 때로는 돈을 바쳐가면서 봉사하기도 한다. 이 사람들은 보수를 받고 온갖 사건에 중개인이 되며 고을원에게 제출할 소개장을 그들 주인으로부터 얻는다. 고을원은 결코 이를 거절할 엄두를 내지 못하며 소송이 이처럼 지원을 얻게 되면 제아무리 옳지 않은 것이라고 하더라도 승소하게 된다. 채무자로부터 한 푼도 얻어내지 못하는 채권자는 어떤 세도가에게 금액의 반액을 (줄 것을) 약속할 수밖에 없다는 것은 오늘날 공공연한 일이다. 그는 이 일에 관한 고을 원에게 가는 편지를 얻게 되며 고을 원은 요구가 정당한지 않은지 여부를 검토함이 없이 채무자에게 유죄를 선언하고 강제로 지불케 한다. 이와 같은 경우에 망설이는 고을 원은 그것으로 인해 강력한 적을 만들게 되며 그의 지위를 잃게 될 것이 틀림이 없다.[23]

23 윗글, pp. 142–143.

정경유착이 너무 근대적인 콘셉트라면 차라리 민관공모民官共謀란 표현이 적합할 것이다. 인위적 조작이나 극적 과장이 개입한 게 아닌지 의심스러울 정도지만 이것이 현실이었다는 사실 앞에 냉정해질 필요가 있다. 예외적이거나 긍정적인 혹은 모범적인 아전도 발견 가능할망정, 어둠에 빛이 쉽게 묻히는 어쩌지 못할 까닭이다.[24] 예나 지금이나 자신만이 알고 지나야 할 비밀을 다른 사람이 이미 눈치 채고 있음은 장차 치명적인 약점의 씨앗이 된다. 그리하여 '호랑이보다 무서운 게 남의 눈'이란 생각도 능히 가능해진다.

아전이 파놓은 덫에 양반과 관료들이 빠지고 그로써 생겨난 권력의 난감함이 새로운 권력자원이 되는 역사의 아이러니는 생각보다 길고도 깊었다. 약해지다 못해 끝내 강한 자가 먼저 무너지는 폐절廢絶의 나날들을 누구보다 낱낱이 들여다보고 있는 이속이요, 오래도록 움켜잡은 아전이었다. 홀로 설 수 없어도 기대고 버틸 근거만 마련되면 끝내 전취하거나 상대를 능히 제압할 저력으로 자신을 감쌀 줄 아는 이들도 그들이었다. 덫 파기와 홀리기 아닌 그 무엇이 새로운 권력자원이라도 될라치면 결코 마다치 않을 그들이었다.

24 조선사 연구의 정치적 한계 가운데 '아전=악마'의 등식처럼 일방적인 경우도 드물리라. 최소한의 균형을 도모할 만큼 공평한 평가가 이루어지기까진 긍정적 사례 자체가 워낙 빈곤하기 때문이다.

조선의 만성적 재정적자, 특히 중앙지원에 절대의존한 지방재정이 자발적 충당이라는 절망적 모순에 갇혀있고 결손을 메우기 위해 폭넓게 퍼진 부패를 외면할 수밖에 없는 현실이 사회경제적 악습의 고리였음도 상식 중의 상식으로 남는다. 그보다 더 큰 문제는 이 같은 모순의 구조적 원인을 제거하거나 극복할 형편이 아닌 조선의 정치적 한계를 바로 보는 일이다. 신분사회의 자발적 폐기란 꿈조차 꾸지 못할 상황 속에서 권력의 안위를 우선한 유교국가의 명분론은 왕조의 끝까지 지탱한다. 국가의 유지는 곧 불안한 자발성과 인습적으로 체화體化corporealization된 복종으로 가능했던 터였다.

먹고살게 해줄 능력의 기본을 갖추지 못하고 있음에도 하급관리의 부패와 부정을 염려하거나 가치배분의 공정성을 냉정하게 되돌아보지 못하고 있음은 조선정치권력의 치명적 모순이었다. 정책적 치유도, 사회적 조절기제도 발휘하지 못하는 권력의 조치가 고작 개탄과 공격적 비난으로 일관하고 있음은 중앙의 정치적 이중성을 고스란히 반증한다. 비교적 방대한 다음 표는 이 같은 역사의 사실들을 잘 함축한다. 단순히 숫자상의 지표만으로 흐름과 변화를 민감하게 느끼긴 어렵지만 대부분의 실록기록이 표방하는 아전과 그 이칭 전반에 대한 거리감은 정치 행정적 혐오와 경계를 바탕으로 삼는다.

자신만이 간직하고 싶은 비리와 부정을 누군가가 이미

알고 있다는 사실은 그것만으로 권력이 되기 십상이다. 그 앞에서 비밀유지를 원하는 강자가 맥없이 무너지고 더 이상 알려지지 않게 하기 위해 하는 수 없이 약자가 되어가는 과정은 조선정치행정사의 미시적 역설이다. 아전은 그래서 단지 보이지 않는 말단으로만 존재하지 않는다. 끝없이 움직이고 한없이 부지런하며 하염없이 머리를 굴리고 있던 터였다. 그래야만 살 수 있고 지탱할 수 있으며 그나마 뻗어나갈 터전의 최소한을 확보할 수 있었기 때문이다.

왕실재정의 상대적 풍요와 지방재정의 압도적 긴축은 조선사회의 대표적 불평등가운데 하나로 각인된다. 권력이 문제의 해결보다 위민의 명분을 내세운 정치적 고민 주체로 부각되는 동안, 지방관의 폐해 역시 중앙의 시각에서는 반유교국가적 행위로 치부될 수박에 없었다. 삶의 핍박과 실체적 빈곤을 견뎌야 할 지방행정 당사자야 어찌 아전으로만 제한할 수 있겠는가 마는 당국의 미움과 규범적 견제의 우선대상은 중앙에서 파견한 지방관들이 아니었다. 현지 사정에 밝고 인간관계의 능통함을 핑계 삼아 은밀하며 내재적인 부패혐의를 덧씌우는 일이란 중앙권력으로서는 더없이 효율적인 면피 도구이자 대속代贖의 출구 만들기였을 것이다.

비판대상의 본원적 흠결과 이를 향한 항시적 공격은 정작 포문을 여는 당사자의 약점을 은폐·모면할 도구로 정치화하게 마련이다. 아전과 향리 일반의 고질적 약점이 역사에서 늘 도드라지는 이유다. 표에서 읽을 수 있는 언급추이의 주기적 굴곡과 그 편차의 배경도 이를 흥미롭게 대변한다. 표에 명기한 숫자들은 실록에 언급된 아전과 그 유사 직종의 별칭 혹은 이칭의 총(전)수를 뜻한다. 실록원전에 표기한 사관들의 기록은 물론 같은 뜻을 지니는 항목까지 감안, 국역 : 원문의 비율을 담아 역대 군주별로 변화의 흐름을 압축해본 것이 그 다음 그림이다.

언급이 곧 의미의 모든 걸 담보하는 건 아니지만 역사는 도무지 이들의 존재를 어떻게 기억·기록하고 있을까. 게다가 이 직종을 향한 역사적 언급 주변에 운집하는 한결같은 분노와 미움의 정체는 뭘까. 이들은 새삼 단순한 호기심을 넘어서는 여전한 의문이다. 이를 풀 수 있는 작은 단서들이 곧 시기별 언급 부피와 그 내용들이다. 왕조사 전체에 걸친 아전들의 주기적 출현과 역사의 기록을 관통하는 부정적 가치판단은 물론, 특히 전체 흐름 속에서 상대적 고점高點을 치는 시기적 특징과 한계의 공약수는 주목할 필요가 있다.

실록의 원전기록만으로 한정하더라도 아전과 이속을 비롯한 다양한 이칭의 원문 언급은 모두 1,004건에 해당한다. 이를 군주총수 스물일곱으로 나누면(1,004/27≒), 그 값은 1인당 평균 37.185회에 달한다. 표에서 읽을 수 있듯, 이 값을 상위 50회 이상 언급건수로 다시 간추리면 그 순위는 중종(117) → 고종(102) → 성종(95) → 정조(76) → 세종(73) → 숙종(70)

→ 영조(66) → 선조(63)로 압축할 수 있다. 무엇을 기준으로 삼느냐에 따라 군주의 치적과 평가는 다양하게 엇갈리지만 이들 대부분은 일상의 평가만으로도 지난한 정치적 세월을 견디고 버틴 개혁군주로 이름값을 더한 시기임을 잘 알 수 있다.

그러나 이들 개혁군주가 집권하던 시기의 언급 대부분은 그들의 직제개편이나 행정적 권능제한 등 현장의 실질적 모순 타파나 문제해결방안으로 집중된 게 아니라는 데 유념할 필요가 있다. 도리어 언급의 압도적 다수를 차지하는 내용들은 그들의 폐단과 부패, 특히 역사로 쌓인 구조적 적폐를 지적하고 기왕의 행정적 선순환 질서가 이로써 손상되지 않길 바라는 경계와 계몽으로 일관한다는 데 주목해야 한다. 여말선초의 과도기는 물론 왕조 전체를 통한 이 같은 암담함은 훨씬 오랜 역사성을 지니지만, 권력의 대응이 일상적 혐오를 넘어 저주나 원망의 심리를 드러낼 정도로 노골적이거나 하나같이 직설적이었음은 극히 예외적이다.

아전의 역사적 기원을 거슬러가긴 쉽지 않다. 용어의 기록은 물론, 정치 행정적 역할의 유사성을 탐색·추적하는 것도 간단치 않기 때문이다. 현재로선 단지 외아전의 기원을 이룬 고려의 향리를 신라 말에 등장한 지방 호족豪族에서 찾고 고려건국당시 지방지배자였음에 주목하는 정도다. 하지만 국가체제가 정비되면서 호장戶長 등의 직책과 대상大相같은 작

구분	衙前		吏屬		屬吏		吏輩		吏胥		吏員		老吏		縣吏		門吏		계	
	국역	원문	국역	원문	국역	원문	국역	원문	국역	원문	국역	원문	국역	원문	국역	원문	국역	원문	국역	원문
태조	2		3			1													5	1
정종																				
태종			4					1	1	1	3	4		1	1	3		2	9	12
세종	26	19	29	1	1	4	1	12	8	8	3	3		2	9	22		2	77	73
문종	7	5	8					1	3	1		、			1	2			19	9
단종	6	5	3						1	2					1	1			11	8
세조	22	17	19	1	1	2	1	3	5	4	1				1	5	1	1	51	33
예종	6	6	1					1	3	2									10	9
성종	65	57	18		1	2	1	7	23	16	3	2		3	5	6	1	2	117	95
연산군	12	21	10	1		1		2	5	3					2	3		1	29	32
중종	43	29	18	2	1	2	3	20	39	48	2	4	3	4	3	8			112	117
인종																				
명종		2	1					4	8	13			1	1	1	1			11	21
선조	4	4	5			1	2	9	29	42				5		2			40	63
선조수정			4			1	3	4	4	6		1		1	1	2			12	15
광해군중초본			2			1		9	13	32				3				1	15	46
광해군정초본			1			1		9	13	27				2					14	39
인조	1	3						5	11	15				3	3	4		1	15	31

효종			1			1			6	11						2			7	14
현종			1				1	3	5	8					1	3			8	14
현종개수		1	1					1	7	15						3			8	20
숙종	5		9	3	1	1	4	12	49	48	2	1	1	1	2	4			73	70
숙종보궐정오									1	1	1								2	1
경종			5	1				2	3	3				1	1	1			9	8
경종수정									1										1	
영조	3	3	26	12		2	4	15	32	29	2	2			2	3			69	66
정조	3		17	12	1	2	2	24	21	31	2			1	1	5		1	47	76
순조	4	2	5	1			1	4	10	13	3	1			4	3			27	24
헌종								2												2
철종																				
고종	107		14	31		1	8	34	28	32		1				3			157	102
순종											2	3							2	3
순종부록																				
계	316	174	205	65	6	23	31	184	329	411	24	22	5	28	39	86	2	11	957	1,004
총계	490		270		29		215		740		46		33		125		13		1,961	

〈아전과 별칭의 역대 군주별 실록언급횟수〉

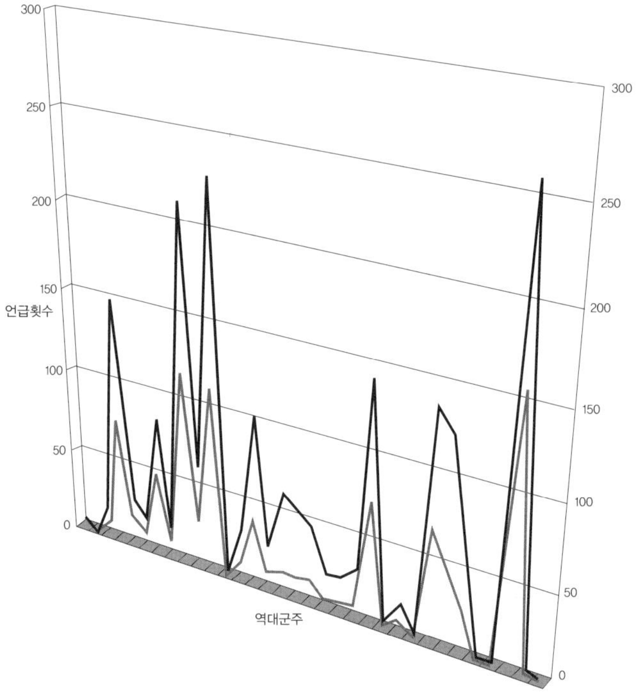

〈아전과 별칭의 역대군주별 실록언급추이 : 국역과 원문〉

爵을 통해 한껏 장악한 권세도 고려 말에 이르자 지방 세력을 억압하는 동안 향리의 힘은 크게 줄어 고작 지방관아의 실무담당관리로 고정·제한된다.

이 같은 사실들을 압축하면 한때 잘나가던 1) 지방 실권자가 국가의 제도적 억압과 사회적 차별로 같은 왕조체제에서 전락을 경험하고 2) 그 직능과 사회적 존재양식은 왕조교체나 변화에도 불구하고 고스란히 이어진 예외 사례에 해당한다. 여기서 주목할 것은 권한의 압도적 축소와 직능의 존치라는 두 가지 사실이다. 이를 다시 줄여보면 누군가는 전담해야 할 역할을 제도 권력으로 인정하지 않으려는 모순의 세월을 그들은 겪고 버텨야 했다는 점이다.

조선의 경우, 사관들이 명기하는 아전의 이칭은 '이吏'라는 문자가 원형이다. 관리 일반을 지칭하는 단어 하나로 아전의 의미까지 포섭하되, 벼슬아치의 말단 아니면 관료의 구성원임을 인정하려는 속료屬僚의 메시지도 동시 함축하는 게 이 용어다. 아전의 정치적 의미가 가장 잘 살아나는 경우는 그래서 이속吏屬으로 쓸 때다. 관(僚)에 (所)속한다는 뜻이 이내 새삼스럽기 때문이다. 각별한 생색이나 자기존재의 두드러진 확인 같은 유난스러움도 여기서 당연히 묻어난다.

어떻게든 관료사회에 진입하고 싶었던 — 아니 고려조만 하더라도 제도화의 조건과 사회적 위신의 기본을 갖추었지만 조선조에 이르자 약화된 위상으로 타자의 눈을 강하게 의식한 — 그들에게 동류의식을 아울러 나누고 서로 위로하며 관리官吏로서의 멤버십을 함께 한다는 건 극히 중요했던 터다. 이들을 일컫는 여러 명칭가운데 사관들이 이서吏胥라는 표현에 우선 집중했던 까닭도 그 같은 배경에서 찾을 것이다. 서로, 그리고 함께라는 뜻의 훈으로 '서胥'에 집착한 이유 말이다. 그도 그럴 것이 아전의 동류로 사관들이 가장 많이 사용한 단어는 하필 이서[25]였기 때문이다.

이서를 필두로 하여 사관들이 주목한 이칭의 사용빈도는 (이서 →) 아전 → 이속 → 이배 → 현리 → 이원 → 노리 → 속리 → 문리의 순으로 이어진다. 용례의 크고 작은 편차는 있지만, 한결같이 관리의 어미이자 관료사회의 이미지 일부를 강제 차용하려 한 의도는 끝내 배제하지 않으며 말이다. 안정적인 신분사회의 변방으로나마 귀속되고 싶은 정치적 욕망은 오늘의 자존심 개념이나 욕망의 원자화니 개체화 같은 생각과는 친화할 수 없는 것들이었다. 흥미로운 것은 사용빈도 상위 세 가지 표기법(이서·아전·이속)과 그 사용 시기가 개혁군주 집권기와 맞물리면서 역사적으로 분산되는 방식이다. 게다가 군주의 개혁의지와 아전들의 직무행태가 기실 아무런 관련이 없다는 예외적 단절 현상이다.

표피적으로는 군주와 그들의 호령을 향한 자세의 기본이 두려움으로 비쳤을는지 모른다. 하지만 그것은 한낱 사주四周 경계를 위한 웅크림이었을 뿐, 낮게 엎드린다고 상대를 존경

25 이를 단순 도치한 '서리胥吏'란 표현 역시 '아전'의 표기를 앞선다. 국역 409건과 원문 229건으로 총합 638건에 달하기 때문이다. 이 또한 관아에 속하여 말단 행정실무를 맡아보던 구실아치로 고려조에는 중앙 각 관아에 둔 말단 행정요원만 가리켰지만, 조선조에는 경향京鄕의 모든 이직吏職 관리를 뜻한다. 여기서는 굳이 두 표기 방식의 편차에 주목하지 않는다. 같은 내용의 다른 형식이 반영하는 의미는 생각보다 크지 않기 때문이다.

한 것도 무서워한 것도 아니었음은 너무나 자명하다. 그들은 누구도 두려워하지 않았다. 이익이 있는 곳에 권세가 밀착하고 한번 맞본 쾌락의 향내가 평생토록 흉중胸中을 사로잡는 마비의 정치는 권한의 한계를 조롱하고 있었다. 유교국가의 준엄한 통치윤리가 제아무리 고결한 빛을 지탱할망정, 군왕의 의지가 말단 아전까지 미치기에 조선 반도의 정치공간은 광활하기만 했다. 고급관료들의 격정적 한탄이나 군주의 진지한 경청마저 행정개혁의 단서와 고삐를 늘 채근했어도 정작 긴장해야 할 권력의 말초들은 태연자약하기만 했다.

문제의 소재와 해결의 필요성을 자각하면서도 권력의 중추는 왜 불만의 그늘만 맴돈 것일까. 접근은커녕 경계와 비난의 모습만으로 일관한 까닭은 또 뭐였을까. 분명한 기억과 확연한 기록을 바탕으로 역사의 추론을 진행하다 보면 가설의 세움이 어려운 것도 아니다. 다음 네 가지 항목은 이를 뒷받침하는 생각의 자락들이다.

1. 중앙의 정치권력과 지방의 행정력 보완을 위해 아전의 역할은 상시직이있다. 하지만 시내(기)별·지역별 편차를 고려하더라도 공급은 수요에 미치지 못했다.

2. 노동의 대가를 정례적 임금으로 보상받지 못한 대안은 직무의 증가나 개발 등 소속 관청의 정치적 배려와 그에

준하는 외면으로 조율된다.

3. 국가가 인력수급을 조절할만한 제도적 장치를 마련하지 못하고 이를 담보할 재정능력조차 분명치 않은 상황에서 청렴의 권유만으로 범죄와 부패를 제어하기란 어려웠다.

4. 안정적 보상 없는 아전들의 권력학습은 행정권한의 일탈과 임의적 강화를 재촉하며 권력 상층부의 암묵적 동의를 낳는다. 하지만 이 같은 권력 획득이 지배세력의 압도적 권위를 부정·배제할 상황은 염려할 필요 없었다. 조선사회의 부분적 계층이동은 국가붕괴의 의도치 않은 단초일 뿐, 신분사회의 근본을 혁파할 정치적 디테일은 아니었기 때문이다. 권력과 보조권력 사이의 묵계는 처음부터 끝까지 서로의 이익보장을 가치 중심으로 삼는다. 상전을 향한 하리下吏의 충성은 여기서 이익의 속내를 가릴 최고의 가식이자 명분이었다.

수요를 감당 못할 공급의 제한이란 곧 신분사회의 기본을 포기할 수 없는 조선사회의 당연한 결과였다. 한없이 편안하고 한결같은 삶의 쾌적함을 보장받으려면 누군가는 늘 성가시고 귀찮은 일들을 전담해야 했다. 아무리 허드렛일일망정, 살아남으려면 마다치 않으며 버텨야 했다. 그것이 누리며 호령하는 자들의 부림servitude으로 가능하다면 수모와 불편쯤이야 기꺼이 견뎌야 할 노동의 부산물일 따름이었다. 인내의 대가가 언젠가는 소량의 권력을 보장하거나 평생을 버틸 자산의 가치축적계기로 작동한다면 이겨내지 못할 고초도 아니었던 셈이다.

일을 시키고도 제때 제대로 보상할 수 없는 권력은 그 자체로 약점을 쌓게 마련이다. 왕조의 역사는 어떻게 읽고 무엇으로 볼 것인지에 따라 숱한 경우의 수를 허락한다. 하지만 이 같은 약점을 통해 지나간 시대를 헤아리는 일은 일상의 해석을 손쉽게 뒤집는다. 고상하고 우람하던 왕조는 삽시간에 치사하고 부당한 권력의 결집체로 거듭나기 때문이다. 19세기에 이르러서야 망국의 계기를 앞당긴 양 인식하는 아전의 횡포(와 부패)가 이미 왕조 초기, 아니 그보다 더 오래 전으로 소급될 수밖에 없는 까닭이다. 이속과 아전, 혹은 서리의 정치학으로 읽는 조선사회가 한결 암담해지는 이유이기도 하다. 더욱 참담한 것은 문제의 근원이 권력에게도 있음을 권력 스스로 인정하려 들지 않는 ㄱ고함과 교만함이었다.

그들과 늘 일정 거리를 유지하는 권력의 의지는 최소한 안정적인 사역 기회를 제공하려는 뜻과 그로써 편안해질 수 있는 자신들의 상대적 이익 사이의 중간 어느 지점에서 방황하고 있었다. 스물일곱 군주의 재위기간마다 아전과 이속 인구는 유동적이며 각기 많고 적음의 편차를 유지한다. 변방의 아전들은 때로 군역을 보충하기도 했고 그러다 다시 궂은 일 아니면 성가신 역할로 복귀하는 경우가 다반사였다. 엄밀히 말하자면 이들 보편의 특성은 역할의 포괄성, 노동의 광역성, 임무의 중첩으로 집약된다.

왕조의 역사를 현대적 관점에서 거꾸로 바라보는 작업은 늘 일정량의 부담과 무리를 수반한다. 그럼에도 불구하고 이는 결국 국가의 정치 심리적 부채, 즉 노동공급원으로 하여금 미래의 권리와 이익추구근거를 마련한다는 점에서 적잖은 문제를 낳는다. 진솔히 얘기하자면 만성 재정적자 속에서도 상응하는 보상 없이 일방 노동을 부과하는 측은 적잖은 부담을 안게 마련이다. 세상에 공짜가 없음은 예나 지금이나 변함이 없다. 실질노동시간에 합당한 임금은커녕, 예상 노동내역의 세목화와 총량 산정자체가 힘겨운 상황은 아무리 전근대 사회라 해도 불합리한 조건이었다.

세종조만 하더라도 이를 의식했음인지 아전과 유사직종을 향한 권부의 자세는 상당히 우호적이다. 심지어 그들이 죄 지은 경우라 하더라도 최대한 배려하려는 선의는 정치적으로 돋보인다. 1439년 8월, 각 아문의 아전과 유품자에게 논죄하는 법을 정하는 과정에서 조정은 다음과 같이 응대한다.

> 의정부에서 예조의 정문呈文에 의거하여 아뢰기를, "상

림원上林園은 모두 내노內奴이고 전악서典樂署는 또한 모두 기생의 자손이기 때문에 범한 바가 있으면 《속전續典》의 공상工商·천례賤隸의 예에 의하여 비록 참상參上이라도 또한 결벌決罰을 행하지만 도화원圖畫院·상의원尙衣院·사옹방司饔房·아악서雅樂署·충호위忠扈衛 같은 것은 비록 유품流品 밖이라도 천례는 아니오니 그 참상은 성중관成衆官의 예에 의하여 계문啓聞하여 시행할 것으로 이미 일찍이 수교受敎하였사오나 다만 각사各司의 아전과 유품으로서 직책을 받은 자는 논죄하는 법이 없사오니 청하옵건대 이 예에 의하여 참상은 계문하여 논죄하고 참외는 직접 논죄하며 그 본아문本衙門은 예전의 예에 의해 참상·참외를 논하지 말고 피패皮牌를 써서 직접 결벌決罰을 행하게 하소서."하니, 그대로 따랐다.[26]

군주가 명민하니 신하들도 성실하였음이야 일상의 역사 상식을 넘어선다. 천하의 세종인들, 항시 잘했다고만 평가하긴 어렵겠지만 그의 평판이 늘 높은 수준을 달릴 수 있는 건 곧 통치의 섬세함 때문이다. 그처럼 위민의 본뜻과 실천을 염려한 경우도 흔치는 않으리라. 재정이 넉넉지 않아 경제적 보

26 세종 21(1439)년·己未年 8月 26(壬寅)日, 『조선왕조실록』【태백산사고본】27책 86권 21장 B면·【영인본】4책 233면.

상이 어려울 때, 혹은 그에 준하는 제도화의 정도가 약할 때 조정이 뛰어 넘을 가치배분의 한계는 그나마 자리의 보전 아니면 승진의 기회부여였다. 하지만 그렇다고 그것을 불만의 경감을 의식한 중앙권력의 작은 권력배분, 즉 정치적 배려로 보아야 할지 아니면 대체봉급의 경제적 의미만 지니는지는 논란의 여지가 있을 것이다.

중요한 것은 당대의 권력이 보조권력을 향해 취한 정치행정적 조치를 오늘의 관점에서 동일하게 해석할 수 없다는 점이다. 일방적 비판과 두둔을 넘어 당대를 당대 그 자체로 받아들이려는 몰가치적 태도에 주목할 것이다. 돈이나 그에 상응하는 경제적 보상이 어려우면 '자리'로 대접하거나 '급수'로 대리만족시키려는 제도로 조선의 체아직遞兒職[27]도 흐르고 넘쳐난 건 아니다. 밀린 인원들과 나눠줄 자리의 형평이

27 이에 대해서는 다음 연구 참조할 것. 신유아. "조선전기 녹봉祿俸의 반급頒給과 관료가계," 서울대학교대학원 사회교육과 역사전공 석사학위논문(2007); "조선전기 체아직遞兒職 연구," 서울대학교대학원 사회교육과 역사전공 박사학위논문(2013). 특히 위의 논문(2013) 13쪽 참조할 것. "체아직은 관官계에 몸담고 있으나 상록常祿을 보장받지 못하는 자에게 돌아가며 녹봉을 받도록 하기 위해 만든 직제로서 하나의 관직을 가지고 여러 사람이 윤차輪次로 수직受職할 수 있는 직이었다. 이때 상록이 없는 자의 부류로는 크게 두 가지가 있었는데 하나는 현직에 있으면서 당번으로 돌아가며 복무하거나 주로 천류 출신으로 구성된 직류였고 또 다른 하나는 거관去官하여 현직을 떠난 자들이었다."

어려움은 물론, 품류 이외의 급수도 임의로 만들거나 부풀릴 성질의 것은 아니었기 때문이다.

세종 27년 6월 19일, 천거와 승진에 대해 의정부는 다음과 같이 아뢴다.

> 이조에서 의정부에 보고하기를, "지인知印 김여지 등이 상언하기를, '앞서 의정부와 육조에서 무시로 별천別薦을 혁파하였으나 녹사錄事와 지인은 같은 의정부 아전이온데 육방六房의 녹사는 한 도목都目 때마다 뛰어 체아직遞兒職을 받으매 8년 안에 거관하오나 유독 지인만은 여러 해를 전함前銜으로써 아침저녁으로 분주하고 8, 9년이 되어야 비로소 체아직 7, 8품을 받사오니 30인이 만약에 예에 의하여 도목 때마다 거관하면 15년에 이르러도 오히려 거관하지 못하므로 각자의 마음이 아프고 민망하게 여기오니 엎드려 바라옵건대 혹은 도목을 더 주고 혹은 참외參外 15삭朔에 가자加資하는 예에 의하여 7품 벼슬을 받은 뒤에 천장薦狀으로 거관하게 하시와 소신들의 억울한 정을 펴게 하소서.' 하였습니다. 본조에서 성중관成衆官의 거관하는 법을 자세히 참고하오니 내직內職·다방茶房이 각각 1백 명씩인데 1년에 네 사람씩, 의정부 녹사가 74인인데 1년에 세 사람씩 31년을 지나서 거관하며 육조의 녹사와 중추원 녹사가 93인인데 1년에 세 사람씩, 31년을 지나서 거관하며 육조의 녹사와 중추

원 육방의 녹사가 모두 25인인데 1년에 두 사람씩 13년을 지나서 거관하고 의정부 육방의 승발·안독녹사承發·案牘錄事가 8명인데 1년에 한 사람씩 8년을 지나서 거관하니 이처럼 수고롭고 편함을 분간하고 도목의 한도를 정하여 거관하게 함은 이미 법으로 세웠는데 이제 지인들은 별로 어렵고 괴로움이 없으니 30명 안에서 1년에 두 사람씩 15년에 이르러 도목을 정呈함이 또한 족하다고 이르겠거늘 이제 벼슬을 희망하여 난잡하게 말을 올리니 매우 부당합니다." 하니 의정부에서 아뢰기를 "비록 수고롭고 편함을 구분하여 도목을 정하였으나 지인은 내직·다방·중추원 녹사의 예가 아니옵고 원수元數 30인 안에 육조에 각각 세 사람씩, 부府에 열 사람, 본방本房에 두 사람이온데 상시로 아침저녁 출근할 뿐 아니라 때 없이 명을 받아 분주하여 어렵고 괴로움이 다른 데보다 갑절 더한 까닭으로 이 앞서 차년差年과 공로를 분간하여 천장으로 거관하였는데 행수行守의 법을 세우면서부터 종7품으로서 한 계급을 뛰어넘어 거관함이 적당하지 못하다는 이유로써 드디어 천장을 혁파하였습니다. 그러나 전함前銜으로써 고생스럽게 종사하옵는데다 그 차년도 10년 이상이니 계공랑啓功郎으로 30삭이 이미 찬 자에게는 다른 참외의 예에 의해 계산하고 배참拜參한 월수가 이미 찼고 또 10년을 종사한 자는 비록 거관할지라도 크게 일찍함이 아니오니 청하건대 이제부터는 차년이 10년 이상이고 계공랑으로 30삭이 이미 찬 사람 중에서 근로한 공이 있어 추천할만한 자에게는 혹 2년을 뛰어서 혹 1년을 뛰어서 본부에서 함께 의논하여 계문하여 거관하게 하소서."

하매 그대로 따랐다.[28]

그러나 이 같은 제도적 대안마저 아전을 비롯한 주변 직종들의 삶을 실제로 풍요롭게 이끌지 못하였음은 조선 초 정치의 또 다른 치명적 한계다. 결정적 증거의 하나가 바로 다음 기록이다. 국가가 당면한 문제를 풀지 못한 궁극의 책임은 곧 군주의 몫이다. 그가 칭송받는 인물인 경우, 정치적 공허함과 심리적 민망함 역시 그에 비례한다. 노력하였으나 뛰어넘지 못하는 한계란 본디 군왕 개인에게만 추궁할 성질의 것이 아니었는지도 모른다. 그럼에도 불구하고 여말선초의 혼란에 덧붙여 민생의 근간을 구조적으로 다잡지 못하는 군주의 통치력이 세종 조 후반까지도 강고해지지 못함은 여전히 문제였다. 하물며 도적과 관리의 내통이 다반사로 횡행하는 지경이었으니 말이다.

세종은 성행하는 도적을 제거하기 위해 각별히 평안도 관찰사에게 대안을 아뢰도록 이른다.

28 세종 27(1445)년·乙丑年 6月 19(辛酉)日, 『조선왕조실록』【태백산사고본】35책 108권 19장 A면·【영인본】4책 622면.

평안도 도관찰사에게 유지諭旨를 내리기를, "도내에 도적이 홍행하여 대성산大城山에 떼 지어 모여서 갑옷을 입고 병기를 가지고 공공연히 다니면서 겁략劫掠하고 영리營吏와 아전들과 내통 공모하여 관청에서 이를 체포하고자 하나 문득 도망하여 피하게 되니 이와 같은 큰 도적을 제거하지 않을 수가 없다. 만약 세력이 성하여 당여黨與가 이루어지면 작은 일이 아니니다. 잡는 방략을 어떻게 처리하겠는가. 비밀리 아뢰게 하라." 하였다.[29]

오죽하면 이 같았을까. 게다가 내통의 대가란 또 무엇이었을까. 물음 자체가 불필요하겠지만 증거가 선명치 않아도 관변 식솔들이 챙겼을 반대급부는 능히 상상 가능하다. 아전들의 부패와 부정으로 접근하면 조선 초가 말기와 크게 다르지 않고 삶의 궁핍과 권력 추구란 측면에서 바라봐도 차이가 없다. 생존을 위한 방편은 대부분 자신의 위치를 활용, 삶의 대안을 찾고 가능한 빠른 시일 안에 이익을 최대화하는 지름길 찾기로 구체화한다.

앞서 밝혔듯, 수년간의 봉사와 의무이행의 대가를 기껏

29 세종 28(1446)년·丙寅年 10月 17(辛亥)日, 『조선왕조실록』【태백산사고본】36책 114권 15장 A면·【영인본】4책 710면.

해야 순환보직과 행정 권력의 향유로 이겨내야 했던 아전들에게 체아직은 근본 해결책이 아니었다. 보장과 보상의 빈곤은 예나 지금이나 권력의 일탈을 재촉한 치명적 원인이다. 군주별 집권기의 정치경제적 편차만큼 시대변화에 따른 아전 인구의 부침도 그 구체적 배경은 불확실하다. 합리적 인력수급이나 행정제도로서 인사관리의 기본이 다져지지 않았다는 이유를 들면 너무 가혹하고 임의적 역할일망정, 아전들의 수요를 내다보지 못한 조정의 무능을 섬세한 추적과 관찰로 이제라도 확인해야 한다면 탐구과정의 무기력 또한 배가되는 건 피치 못할 역사의 사정이다.

조정에 서리를 비롯한 보조권력의 중심이 허약했던 이유도 따지고 보면 적잖다. 그 가운데 하나가 아전들에게 부여한 군역의 의무 때문이다. 보상의 빈곤을 역할의 과중으로 이겨내야만 했던 모순은 신분사회의 치명적 결함 가운데 하나다. 서리층의 빈곤과 인구감소는 물론 대체인력의 부족마저 일거에 뛰어넘을 대안은 백성들 모두가 신분의 높낮이 따지지 않는 역할의 균등 배분이었을 터다. 하지만 이는 전혀 꿈꿀 대상이 아니었다. 지배세력의 육체적 편안함과 권력의 위신을 강화하기 위해서라도 노동의 내역과 질은 물리적으로 철저히 분리할 수밖에 없었다. 차별적 사고의 지탱이 자연스런 세상에서 지배자의 쾌적함과 육체적 안일은 노동 분화를 저해한 결정적 이유다.

한쪽이 편하기 위해 다른 한쪽은 혹독한 역할과 궂은 일들을 마다치 말아야 할 조선사회에서 노동의 제로섬은 힘이자 짐이다. 양반과 지주, 관료들의 입장에선 부림이 당연했지만 아전과 노비, 여성과 천출들은 죽을 지경이었다. 인원이 달리면 심지어 군역까지 중첩 이행한 아전들의 경우, 부정의 획책이나 그 빌미 마련보다 육체적 신산함을 이겨낼 방도를 궁리함이 우선이었다. 신분제 폐기가 아니고선 불가능한 일임을 잘 알면서도 편법과 일탈을 꿈꾸는 아전들 대신 보조권력의 역할 축소보다 인원보강을 먼저 따지는 집권세력이었다.

> 이조에서 아뢰기를, "《대전大典》에서 '여러 고을에서 교생校生 가운데 나이가 많고 재주가 없는 자를 3년마다 한 차례씩 공상貢上하여 서리書吏에 속하게 한다.'고 하였고 또 서리를 흥속興屬시키는 법을 따로 세웠지만 그러나 서울과 외방에서 양민良民들이 모두 군적軍籍에 예속되어서 놀고 있는 장정壯丁이 없습니다. 또 이보다 앞서 교생의 정원을 정할 때에 그 가운데 재주와 학식이 없는 자는 충군充軍하였습니다. 이로 인하여 각 관사官司의 서리書吏가 많이 보충 임명되지 못하여 아전이 부족하니 진실로 염려스러운 일입니다. 지금 정병正兵은 시위侍衛하는 데 긴요치 않는데 으레 모두 역사役事에 나아갈 뿐이니 청컨대 소재지 고을로 하여금 그 가운데 글자를 알아서 일을 감당할 만한 자를 골라

서 이름을 적어 본조本曹에 보고하게 하여 각 관사에 나누어 임명하게 하소서. 또 서리가 거관去官한 뒤에 역승驛丞의 취재取才에 합격하지 못한 자와 역승으로서 임기가 차서 교대당할 자를 모두 정병에 속하게 하고 그 취재에 합격하고도 역승에 제수除授되지 못한 자도 그대로 본本 아문衙門에 근무하게 하고 사일仕日이 많은 자를 우선으로 제수하게 하며 그 사일은 품계를 더할 때나 다른 곳으로 옮겨 속하더라도 통용하도록 허락하는 것이 어떠하겠습니까?"하니 임금이 그대로 따랐다.[30]

신분제의 엄격함은 일상의 상상을 넘어서는 세상이었다. 당대를 지탱한 결정적 힘이었기 때문이다. 아랫사람이 잘못할 경우, 상전까지 문죄하며 책임을 연대한 제도와 관행은 엄연했다. 하지만 어떻게든 강자부터 먼저 보호하려 한 권력의 분리주의적 사고가 압도적이었음은 백성들이 속상해할 일이 아니었다. 부당해도 견디지 않고선 살아남지 못할 국가에서 그나마 연좌의 제도적 족쇄를 씌우려는 집권세력의 제청을 억누르는 이는 도리어 군왕이었다. 사노私奴이 저지른 과오 때문에 문죄 대상으로 떠오른 (성종의 계비繼妃 정현왕후貞顯王后

30 성종 2(1471)년·辛卯年 1月 13(丙戌)日, 『조선왕조실록』【태백산사고본】2책 9권 5장 B면·【영인본】8책 547면.

의 오빠였던) 윤탕로의 경우만 해도 정작 역성을 든 위인은 성종이었으니까.

군왕은 노비가 아전과 아예 한 몸이라고까지 이해할 정도다. 다른 직급은 그만두더라도 아전에 대한 군주의 인식이 평소 어떠했는지 반증하는 좋은 예다. 그들이 죄를 지었다한들, 제 주인까지 능멸할 죄라고 이해해주길 바라는 건 지나친 일이었다.

> 허침許琛 등이 아뢰기를, "윤탕로尹湯老의 집종이 사인舍人을 능욕한 것은 이미 결벌決罰하였는데 윤탕로는 비록 알지 못하였다고 하더라도 만약 능히 아랫사람을 단속하였으면 어찌 이에 이르렀겠습니까? 율에 가장을 아울러 논죄하는 조문이 있으니 청컨대 윤탕로를 죄주소서." 하였는데 전교하기를 "무릇 노비는 아전과 일체이다. 노비가 다른 곳에서 혹은 살인이나 혹은 강도질을 하였으면 그 주인과 아울러서 죄주겠는가? 가령 사헌부 아전이 문밖에서 혹시 범한 바가 있으면 또한 검거하지 못한 까닭으로써 죄가 대관에게 미치겠는가?" 하였다. 허침 등이 아뢰기를 "윤탕로의 종이 만약 강도·살인 등의 죄를 범하였는데 신 등이 윤탕로를 아울러 죄주기를 청하였으면 진실로 상교上教와 같습니다. 지금 윤탕로의 노비가 백주의 대로 곁에서 의정부낭청議政府郎廳을 능욕하였으니 그 세력을 믿고 횡포 방자함이

막심합니다. 윤탕로가 만약 항상 경계하고 신칙하기를 더하였으면 어찌 이에 이르렀겠습니까? 세조조에 윤사흔尹士昕이 길에서 의정부 서리書吏를 만나서 술이 취하여 이를 매질하였는데 의정부에서 피혐避嫌하므로 곧 윤사흔을 파직시켰으니 의정부를 존중하고 척리戚里를 누르는 까닭입니다. 서리도 오히려 그러한데 하물며 낭청이겠습니까? 윤탕로를 아울러 추핵하는 것이 바로 이치에 합당합니다."하니 전교하기를, "윤사흔尹士昕은 서리를 친히 매질하였으니 파직하는 것이 마땅하나 이는 윤탕로가 알지 못하는 바인데 어찌 집의 종이 범한 바로써 그 주인을 아울러 연좌하겠는가? 경 등이 예를 끌어 논계하는 것이 모두 온당하지 못하다." 하였다.[31]

주상의 이 같은 하교가 억울할망정, 견디고 버텨야 했던 이들이 아전이었다. 그들을 위한 온전한 변명이 필자의 의도는 아니다. 역사를 역사 그 자체로 보아야 함은 허튼 온정주의를 이겨낼 항구적 기준일 터다. 다만 그들의 처지란 것이 체세의 부평초浮萍草이사 관료사회의 뜨내기였음을 분명히 각인하는 건 중요하다. 그랬기에 그들이 부정하고 부패했다

31 성종 24(1493)년·癸丑年 8月 29(辛卯)日, 『조선왕조실록』【태백산사고본】44책 281권 45장 A면·【영인본】12책 395면.

는 성급한 인과론도 문제겠으나 국가운영을 위한 행정적 의도와 신분사회를 억지로라도 지탱해야 했던 지배세력의 자의적 결정을 손쉽게 섞어 당대의 상황을 남성중심의 왕조체제의 시각에서 함부로 재단하는 것도 경계할 일이다.

그들이 저지른 시대의 과오도 과오 그 자체로 고스란히 남는다. 행정 현장의 부정과 부패의 근거가 어디로 가겠는가. 잊지 말아야 할 역사의 기록은 따로 또 엄연하다. 그들 모두를 향해 부과된 치명적 노동의 강요 말이다. 특히 변방의 군역과 평소의 행정보조역할을 넘어서는 온갖 잡역부과는 그들의 정체성을 따질 겨를조차 없이 이리 치이고 저리 부대끼는 물리적 혼존과 혼돈의 원인이었다. 만만한 대상을 싫도록 부리지 않고선 작동과 지탱이 힘겨운 신분사회가 조선이었던 까닭이다.

힘겨워도 지켜야 했던 도덕률이요, 직업윤리였다면 싱거울 정도로 단순한 왕조사회였을 터다. 조선을 떠받들던 이데올로기적 기초로 유교 덕목에 늘 충실한 아전이었다면 빈곤해도 청렴해야 했을 것이며 힘겨워도 한눈팔지 말아야 할 직능이었다. 하지만 부리는 측이나 부림을 당하는 쪽이나 욕망의 내역은 터무니없이 달랐다. 어떻게든 살아남기 위해 권력의 눈치를 살피는 일에 영악했고 버팀과 견딤 그 자체가 목적의 끝이었던 그들의 삶은 최고·최대의 굴신성flexibility을 정치적 자산으로 삼는다. 복종이 곧 권력 창출의 즉발적 도구인 세상에서 허리의 굽힘과 동시에 상대의 자세와 표정은 물론 동세의 윤곽을 간파하는 '눈의 빠르기'는 힘을 비축하는 비장의 무기였다.

허리 굽혀 자세를 낮추면 상대는 자연스레 높이 보일 뿐 아니라 내려다보는 이로 하여금 우월감을 느끼게 하게 마련이다. 비록 시각 권력일망정 두 사람 이상의 인간관계에서 예나 지금이나 이는 정치 심리적 불균형을 인지하는 상대적 기본이다. 아울러 굽히는 자의 시선은 내려다보는 자의 예상과 달리 폭넓은 시야와 상대방의 움직임을 포착할 여유 있는 안전판을 확보한다. 높이 보이는, 아니 실제로 자신이 높은 사람인 양 착각하는 자로 하여금 그만큼 방심하게 만드는 까닭이다. 복종 그 자체가 권력의 주요 자원이 되는 순간은 이때부터다. 굽히는 자는 '굽힘'으로써 상대의 허점과 약점을 탐색하게 마련이며, 상대가 보지 못하리라 여기는 부분까지 읽고 헤아리려 애쓴다. 이른바 시선의 확장을 의식하는 것이다.

'훔쳐보기'의 정치학, 즉 관음의 복종미학은 아전은 물론 복종의 반어법을 터득한 '아랫 것들' 보편의 눈치 키우기로 구체화한다. 기껏해야 짧지 않은 봉직의 세월과 기다림 끝에 찾아오는 메마른 승진 기회하며 제도 권력의 미미한 학습만으로 자신의 삶을 정리·극복하기엔 그들이 겪은 역할중첩과 갈등은 결코 간단치 않았다. 눈부시게 출세할 길은 원천적으로 막혀 있지만 남몰래 축적하고 티내지 않게 챙길 수 있는 가치의 소재들은 나라 곳곳에 의외로 많이 흩어져 있었다. 가치배분을 제도화하지 않는 권력을 탓하거나 경원시하기보다 차라리 그들을 이용·조종하거나 배신·회유함으로써 악과의 공생을 도모하는 데 열중한 과거 역시 씻지 못할 왕조의 역사로 남는다.

근본적인 문제는 조정의 무능이었다. 아전의 인력수급과 조율을 둘러싼 정책적 무능은 그중 으뜸이었다. 연산조의 구상이 아전 인사개혁의 중요한 계기가 되는 것도 그 때문이다. 그에 대한 부정적 평가와 배치되는 항목이다. 실록의 다음 두 기사는 특히 이 같은 행정개혁의 단초가 된다. 그 역시 상전들의 육체적 쾌적함과 신변안전을 위해 누군가 잡역을 대신할 필요를 강하게 의식한 노동의 제로섬으로 이해할 필요가 있다. 무엇보다 북방의 관리·방어와 아전의 역할갈등은 군주가 고민해야 할 정책우선순위에서 밀리지 않는 대상이었다.

병조 판서 성준成俊·호조 참판 이계남李季男이 아뢰기를, "영안도감사영永安道監司營의 아전은 원액元額이 천여 인이었는데 허종許琮이 관찰사이었을 때에 그 수를 줄여서 4백으로 정하고 동류로 보保를 만들어 보인保人이나 호수戶首가 함께 관에 출역하게 하였는데 장실壯實한 자가 혹 보인이 되고 빈잔貧殘한 자가 혹 호수가 되며 군적軍籍 때에 액수 4백 외에 그 나머지는 다 다른 역사에 배정하게 되니 반드시 장실한 자를 가려서 아전으로 삼고 빈잔한 자는 각기 그 역사에 돌아가는데 이렇게 되면 저 빈잔한 사람은 요역徭役에 고달파 살아갈 수가 없어서 장차 도망하고 흩어지게 될 것입니다. 신들의 생각으로는 다른 역사에 배정하는 자는 다 장실한 자를 가려서 군사로 정하여 일이 없을 때에는 전과 같이 영중營中에 번番을 서게 하고 만약 변방의 급한 일이 있으면 일어나서 종군從軍하게 하는 것입니다. 이렇게 하면 액수도 늘지 않고 빈잔한 자도 이산하는 폐단이 없을 것이니 두 가지가 다 편의할 듯합니다."하니 전교하기를 "아뢴 바의 뜻을 정승들에게 수의하라." 하였다.[32]

한치형韓致亨 등이 당시의 폐단되는 점을 써서 아뢰기를, " …· 함경도는 본래부터 관찰사의 아전이 4백 명, 절도사의 북도 아전 6백 명, 남도 아전 4백 명을 두었는데 이 숫자 외에도 예차預差 아전의 수효가 지나치게 많으니 그 폐단이 적지 않습니다. 지금 가는 종사관從事官 고형산高荊山으로 하여금 관찰사와 절도사에게 유시하여 함께 의논하여 예차 아전들은 영구히 없애버리되 만약 부득이한 일이라면 상의 분부를 받아서 행하게 하소서. 풍문으로 듣건대

32 연산 2(1496)년·丙辰年 3月 25(癸卯)日, 『조선왕조실록』【태백산사고본】 4책 13권 19장 B면·【영인본】 13책 88면.

'경성鏡城의 주민은 8백여 호인데 병사의 아전이 3분의 2를 차지함으로써 관청에서 역사를 백성의 수효가 적어 모든 빈객賓客의 지대支待를 아전을 시켜 공판供辦하게 하니 그 아전들이 민간에 징수하므로 백성들의 생활이 이로 인하여 날로 곤궁해졌다'고 합니다. 전일에 이미 이러한 폐단을 상세히 적어 계달啓達했는데 지금 봉행하는지 자세히 알 수가 없으니 또한 고형산으로 하여금 조사해서 폐해를 구제하는 조건을 마련하여 계달하도록 하소서. 각 고을의 수령들은 의창義倉의 곡식을 수납할 즈음에 문기文記를 지우지 않고서 백성들에게 재차 징수하므로 백성들이 매우 고통스럽게 여깁니다. 지금 이후로는 곡식을 수납할 때에는 첩자帖子를 만들어 주도록 하되 만약 봉행奉行하지 않는다면 사죄赦罪 이전인지 가리지 말고 파출罷黜하는 것이 어떻겠습니까?"

하니 그대로 좇았다.[33]

아전 항목에 대한 최다 언급시기로 중종 재위기는 두드러진다. 가뜩이나 정치·행정개혁을 의식하며 집권했던 중종조의 아전관련 기사는 기왕의 편견과 당장의 개혁을 의식하는 부담의 이중성을 드러낸다. 게다가 조선 중기를 향할수록

33 연산 8(1502)년·壬戌年 1月 28(辛丑)日, 『조선왕조실록』【태백산사고본】 11책 42권 19장 B면·【영인본】 13책 468면.

아전을 둘러싼 체제의 필요악이 깊어지는 만큼, 강력한 신분 구조의 지탱을 위한 사회적 필요는 신분의 내재적 해체와 문란을 극복하려는 당국의 고민을 비웃고 있었다. 힘겨운 노역과 역겨운 차별을 피해 기어이 도망가는 노비들은 물론, 돈을 주고 양반을 사려는 인구까지 합치면 형벌로 인해 억지 천민이 되어야 하는 과거의 양민들을 앞지르고 있었다.

이 같은 모순을 현저히 고치며 개선의 결과마저 기대하기엔 군주제 자체의 피로와 부담은 가중되고 있었다. 반정을 일으키든, 사화가 일어나든 왕실권력의 이변이 궁궐을 뒤흔들망정 보조권력의 향배가 실질적으로 세상의 변동을 담보하긴 어려웠던 때문이다. 누가 권력을 잡느냐에 따라 섬겨야 할 대상을 탐색하는 일도 중요했지만 어떻게 버티고 견디느냐는 물음은 그에 앞서는 아전들의 항구적 관심사였다. 머리를 쓰는 자들의 수족이 되는 일이란 생존의 정치방편이자 경제수단으로 으뜸의 지름길이었기 때문이다. 해보지 않은 일들을 하겠다고 작정하며 손수 제 몸 움직임으로써 자발적 노동을 시도한다는 건 조선 지배세력에게 기대하기 어려웠다. 오죽하면 머리만 움직여 입으로 명령하고 손발은 까딱 않는 게 권력의 표징表徵인 양 받아들이는 조선 사회였을까.

아전을 부리려는 권력의 관행은 폐기되지 않는다. 차라리 아전 없인 살아갈 수 없는 지배계급이었다고 바꿔 표현하는 게 더 옳을 것이다. 그럼에도 불구하고 지배세력의 노동의존적 행태를 객관적으로 조명하기보다 아전들의 일탈과 부패의 반유교적 작태부터 먼저 의식·비판하려는 풍토가 마련된 건 왜일까. 그건 도리어 자신들의 도덕적 취약성을 은폐·극복하려는 대안의 가림막 아니었을까. 그렇다고 이 같은 역설의 상상이 아전들의 행정횡포와 정치부패의 일탈 연대기를 윤리적으로 면탈하거나 용서하자는 뜻이 아님은 아무리 강조해도 지나치지 않다. 아전들의 일탈 이전에 그들의 오만과 방자를 부추긴 상위 신분들의 자기중심적 사고의 폐단을 거듭 지적해두고자 하는 까닭이다.

변(지)방으로 전보되는 중앙의 관리가 제 식구를 온통 대동하고 함께 가려는 문화도 문화려니와 그로써 늘어나는 부림의 역할과 부속 의무의 증가는 결국 소모적 노동의 확장으로 이어지고 있었다. 정치사회적 특권 유지는 결국 아전들의 무비용 노동부과에 뒤 따르는 불만과 소외의식을 넘어서는 고비용 지출구조를 양산한다. 부패의 연결고리는 물론 커져가는 민중불안과 분노의 확장은 좀체 잦아들지 않는 보조권력의 횡포와 맞물리며 체제붕괴의 말초적 근거를 마련하기 때문이다. 조선 전기의 이 같은 악순환 논리를 과잉 단순화시킨 게 다음 시퀀스다.

> 중앙관리들의 변방(지방) 파견 → 식솔들의 전가사변全家徙邊 → 아전의 역할증대 → 군역의 의무중첩 → 신분의

지탱과 역할갈등의 지속 → 파견지역의 관변 예산충당을 위한 민중착취 강화 → 아전의 발호 → 사회적 불만의 축적·팽배 → 국가적 반복과 확산

신분해체를 의식한 근본적 자기반성까진 아니어도 행정과 문화를 고침으로써 지배 권력의 각성을 촉구한 것은 그나마 다행이다. 개혁을 작정한 권부의 의지를 감안하지 않더라도 이 같은 취지에 반대할 이들은 거의 없었다. 하지만 문제는 입과 몸이 따로 움직이는 당대 권력의 관행이다. 육체노동을 무릅쓰지 않아도 능히 삶의 기본을 유지할 수 있는 지배세력의 안일과 그 같은 관습의 지탱을 막을 길 없는 민중의 취약한 정치기반은 관료들의 행정개혁이 얼마나 지난한 일인지 잘 말해준다.

실록의 다음 기사들이 좋은 예다. 개혁의 적잖은 제안과 권부의 침묵 혹은 소극적 방임의 문화도 그런 배경에서 이해할 일이다.

이번李蕃이 아뢰기를, "신이 평안도도사平安道都事 때에 보니 감영 아전에 정원 이외의 인원이 쓸데없이 많고 또 다소 부실富實한 자로서 군사가 될 만한 사람들이 모두 아전으로 투속投屬하므로 이 때문에 군사는 약화하고 아전은 충실합니다. 신의 생각에는 절도사·관찰사를 모두 가솔을

데리고 가지 말도록 한다면 백성들이 아전으로 투속하는 폐단이 없어지고 군사도 자연 충족하여질 것입니다." 하였다.[34]

이손李蓀·김응기金應箕·홍경주洪景舟·신윤무辛允武·신용개申用漑·장순손張順孫·강징姜澂·조계상曺繼商·유담년柳聃年·손주孫澍·성세순成世純·임유겸任由謙·심정沈貞은 의논드리기를, "각도의 군적이 두서가 없어 아전 및 죄를 범하고 입거한 향리들이 모두 북도의 각 진에 들어가 아전에 충당되고 있으니 군사의 봉족을 도로 호수에게 줌이 합당하겠습니다."하였다.[35]

유순정이 아뢰기를, "신이 듣건대 남원에서는 품관들이 강성하여 부내府內의 재인才人·백정白丁이 본래 2천여 명이었는데 모두 품관에게 부리는 바 되어 한 품관이 30-40명씩 거느려 자기 집 울안에 살도록 하는데도 아전이 독촉하여 내 오지도 못하고 수령이 만약 추심推尋하면 반드시 중상中傷을 받게 된다고 합니다. 또한 관가의 노비 부리기를

34 중종 7(1512)년·壬申年 9月 11(壬午)日, 『조선왕조실록』【태백산사고본】 8책 16권 66장 A면·【영인본】 14책 613면.

35 중종 7(1512)년·壬申年 10月 18(戊午)日, 『조선왕조실록』【태백산사고본】 9책 17권 8장 A면·【영인본】 14책 619면.

자기 부조父祖의 노비 부리듯이 하고 나약한 수령은 더러 입안을 만들어 주기도 하므로 관아에서는 부릴 사람이 없게 되니 그 폐단이 이미 오래되어 수령이 역시 금하지 못한다고 합니다. 이러한 품관은 마땅히 추찰하도록 하되 너무 심한 자는 큰 죄로 다스려야 거의 이와 같은 폐단이 없게 될 것입니다." 하니 상이 이르기를, "품관의 작폐는 유독 남원만이 아니라 하삼도도 반드시 모두 그러할 것인데 일일이 단속하여 살필 수가 없다. 이제 새 감사가 이런 폐단을 알게 되면 또한 마땅히 단속하여 살필 것이다." 하였다.[36]

협잡挾雜과 내통에 의한 아전들의 횡포는 재량권 남용과 함께 국가의 사회적 기반을 갉아먹은 고질적 병폐다. 아전들의 범죄가 경제적 곤궁에서 기인한다는 사실이 아무리 설득력을 지녀도 그들의 부도덕마저 위로할 성질의 것은 전혀 아니라는 데 눈길은 다시 모인다. 왜 그다지도 아전들의 범행은 줄지 않고 있었던 걸까. 정치적 퇴폐와 극적인 야합을 일일이 펼치진 못해도, 제한된 지면 위에 그들의 범죄유형과 극명한 내역을 압축하는 일마저 마다할 이유는 없다. 대부분의 범행은 각종 이권 개입과 행정청탁 접수 혹은 그 묵시적 암시를

36 중종 7(1512)년 · 壬申年 11月 4(甲戌)日, 『조선왕조실록』【태백산사고본】 9책 17권 12장 A면 · 【영인본】 14책 621면.

통한 금품수수 등 '알선수재혐의'가 대부분이다.

아무나 할 수 없는 일들을 할 수 있다고 호언하거나 실행에 옮기는 건 시대를 막론한 부정부패의 공통 조건이다. 심지어 전정·군정·환곡 등 삼정의 행정실무 집행과정에서 아전들의 중간착복과 현물횡령은 조선조말 극심한 사회해체의 토대가 된다. 연이어 인용하는 다음 실록 기사들은 아전 범행의 전형이자 역사 단면들로 주목할 대상이다. 이는 물론 크게는 같고 작게는 다른 사례들로 전체 통계 가운데 지극히 일부분만 반영할 따름이다.

여기서 살필 사례는 아전들의 비리와 범행보다 그들에게 부과된 형벌내역들이다. 특히 범법자 가족들 모두가 수형대상이 되는 '전가입거죄全家入居罪'의 경우는 많은 문제들을 암시한다. 한때는 관리들의 '전가사변全家徙邊'이 아전들의 비리의 온상이었던 것과 달리 잘못을 범한 아전들의 경우 가족 모두를 연좌하는 왕조 형정의 이치는 퍽 역설적이다. 전면적 안일과 쾌적의 대척점에 이를 무색케 하는 총체적 고통과 불편이 뒤따랐던 셈이다.

아전들의 부패와 사회경제적 문제라면 흔히 고종조의 민란과 정치적 혼란을 먼저 연상하게 된다. 역사의 상식인 까닭이다. 하지만 걷잡지 못할 19세기 아전의 문란과 달리 폐단을 바로 잡으려는 그 이전의 국가적 노력이 돋보이는 건 그나마 형정의 강행 때문이다. 사회기강이 파탄 났음을 인지한 관료

사회의 동요가 왕조붕괴 이전에 한결 처연해지는 현상도 외세개입 뿐 아니라 이를 응징해야 할 의무조차 이행하지 못한 당국의 무능 때문이다.

형조가 아뢴 전가입거죄조는 이러하였다. 1. 외방 사람이 실어오는 물건을 중도에서 기다렸다가 억지로 매매한 자. 1. 법사法司의 아전으로서 장사하는 사람들과 벗하여 연음宴飮한 자. 1. 금령을 범한 사람을 잡았다가 청촉請囑을 받고 도로 놓아 준 자. 1. 위조한 문기文記를 가지고 송사한 자는 조상이 한 것일지라도 온 가족을 입거시킨다. 1. 유죄流罪를 범한 자. 1. 외리外吏로서 공물을 받아 남용한 자. 1. 전세田稅를 여러 해 바치지 않은 자. 1. 수령이 갈릴 때에 틈을 타서 마음대로 관물을 쓴 자. 1. 문기를 위조하여 간사한 것이 드러난 자. 1. 비리로 송사하기를 좋아하는 자. 공물을 대납한 자. 1. 품관·이민吏民으로서 그 감사·수령을 고발한 자.[37]

전 사천현감泗川縣監 이유李裕를 장1백杖一百에 처하고 고신告身을 죄다 빼앗으라고 명하였다. 빨리 체직遞職되려고

37 중종 19(1524)년·甲申年 7月 27(庚寅)日, 『조선왕조실록』【태백산사고본】26책 51권 28장 A면·【영인본】16책 325면.

이조의 아전에게 몰래 뇌물을 주어 부임한 날짜를 물려 적게 한 죄 때문이다.[38]

황해도관찰사黃海道觀察使 서지徐祉가 치계馳啓하기를, "강령현감康翎縣監 신붕년辛鵬年은 전일 어사에게 범한 것이 드러났는데 이달 24일 한밤에 도망하였고 상호장上戶長·이방 등도 도망하였다 합니다." 하였는데 전교하기를, "이것은 국법을 두려워하지 않는 것이므로 크게 징계해야 할 것이니 난언亂言하고 망명한 자와 강도하고 도망한 자를 찾아 잡는 예에 따라 절목節目을 마련하여 중외中外에서 잡도록 할 것을 금부에 전하고 도망한 아전도 모두 잡도록 하라. 또 관찰사에게 하서하여 여러 가지로 찾아 잡아서 반드시 다 잡게 하라." 하였다.[39]

아전과 관노비의 인력수급이 실제 수요를 따르지 못하였음은 역대 정권의 과제다. 어느 때는 지나치게 많았지만 어느 경우는 크게 부족하여 역할이행이 충분치 않았던 건 문제다. 조정이 해결해야 할 적잖은 지방행정과제 가운데 하나이기도

38 중종 19(1524)년·甲申年 12月 21(辛亥)日, 『조선왕조실록』【태백산사고본】26책 52권 47장 A면·【영인본】16책 365면.

39 중종 20(1525)년·乙酉年 1月 28(丁亥)日, 『조선왕조실록』【태백산사고본】26책 52권 63장 A면·【영인본】16책 373면.

했다. 하물며 개혁을 국가제일의 정책목표로 내세운 반정주도 정권에서랴. 흔히 말하는 변방의 빈곤과 하삼도의 사회경제적 척박함은 아전의 정치 행정적 역할을 일반 백성에게까지 위임·담보하게 된 까닭이기도 했다.

다음 세 경우가 이를 잘 말해준다.

> 장령 윤사익尹思翼이 전라도에서 돌아와 아뢰기를, "신이 오갈 적에 보니 이전에 없던 흉년이었습니다. 그런데 각 고을의 공궤供饋가 전처럼 매우 성대하니 이는 몹시 폐단스러운 일이었습니다. 바라건대 각도의 감사에게 유시를 내려 금단하도록 함이 어떠리까? 순천부順天府는 인구가 번성하고 토지가 비옥하며 도내에서 큰 고을이었는데 요사이 수령들이 자주 체직되어 소임을 부지런히 다스리지 않기 때문에 피폐가 너무나 심하고 아전과 관노비 또한 부족했었습니다. 감사와 수사水使로 하여금 함께 의논하여 조치하도록 하고 새 부사府使도 마땅히 가려서 차임差任하소서. 또 무주 관내인 무풍茂豊 지방은 민간의 전지를 잘못 측량한 것이 있었으니 측량경차관測量敬差官이 현감과 함께 살펴보아야 할 것입니다. 그런데 현감 구희具熹는 신병이 있어 겸임자인 용담현령龍潭縣令 김간金澗이 나가야 하는데도 가지 않고 서원書員으로 하여금 대신 가서 간심看審하게 하였습니다. 이는 매우 잘못입니다." 하니 전교하기를, "각 고을이

손님을 대접할 때 서로 성대한 음식을 숭상하는 것은 이미 습속이 그렇게 되었기 때문에 조금이라도 뜻에 차지 못하면 훼방이 따르게 되므로 오히려 그렇게 하지 못할까 걱정한다. 비록 감사라 하더라도 범상한 사람은 이를 들어 시비하는 일이 없지 않으니 마땅히 각도에 유시를 내려 금단하게 해야 한다. 순천부는 김인명金麟明이 체직된 뒤부터 쇠잔해지고 피폐해지기에 이미 가려서 차임하도록 했는데 이조가 범상한 사람을 의차擬差했기 때문에 복희달卜禧達이 이미 논박 받아 체직된 것이다. 아전과 관노비의 부족은 단지 순천만이 아니니 자꾸 유시를 내릴 것이 없다. 모두 수령의 현명 여부와 조치 여하에 달린 일이니 수령된 사람들 자신이 마땅히 감사에게 품하여 조치해야 할 것이다. 김간은 마땅히 추고해야 한다." 하였다.[40]

조강에 나아갔다. 시독관 황염黃恬이 아뢰기를, "대저 백성은 나라의 근본으로서 근본이 든든한 다음에야 나라가 편한 법이니 만일 나라가 편하게 하려면 반드시 먼저 그 근본이 든든해지게 하고 만일 그 근본이 든든해지게 하려면 반드시 먼저 부드럽게 포용해주는 도리를 다해야 하는

40 중종 20(1525)년·乙酉年 閏12月 14(戊辰)日, 『조선왕조실록』【태백산사고본】 28책 56권 21장 B면·【영인본】 16책 484면.

것입니다. 요사이 수한水旱이 알맞지 않아 해마다 흉년이 들므로 경기 백성이 유리流離하는 자가 매우 많고 양계兩界의 변방 백성은 부역이 너무 과중하므로 서로들 이끌고 유리하여 오랑캐들 땅으로 들어갑니다. 이 때문에 변방 백성이 날로 점점 잔약하고 피폐하여가니 어찌 한심한 일이 아니겠습니까?" 하니 상이 이르기를, "양계의 변방 백성들이 피인彼人들의 땅으로 흘러 들어감은 반드시 그 까닭이 있을 것이니 만일 변방의 수령들이 마음을 다해 백성들을 돌본다면 어찌 그런 폐단이 있겠는가? 평소에 백성을 돌보아주지 않기 때문에 그렇게 되는 것이니 이는 마땅히 법사가 규찰해야 할 일이다." 하매 최한홍崔漢洪이 아뢰기를, "수령들이 백성들을 돌보지 않아서 그런 것이 아닙니다. 그 도는 주민이 지극히 적고 또한 아전이 없으며 군사들의 보인은 비록 4-5인이 되기는 하지만 모두 관아에서 역사하게 되는데 보인이 잘못한 것을 호주에게 문책하고 호주가 잘못한 것을 보인에게 문책하므로 한 몸이 두 가지 역사를 하느라 지탱하지 못합니다. 호인胡人들을 보면 부모의 다름이 없이 유무를 서로 의뢰하므로 그들의 마음에 우리 땅에서 고통을 받는 것보다는 차라리 피인들 땅의 사람이 되겠다고 여기는 것입니다. 피인들의 땅은 의식이 유족하여 편히 살 수 있으므로 족속들을 데리고 점차로 들어가게 되는 것이니 어찌 이런 일이 있을 수 있겠습니까? 국가에서 창고를 설치한 것은 본디 가난한 백성들을 구제하려는 것인데, 양계에서는 만일 환상還上을 바치지 못하는 백성이 있으면 반드시 같은 일가에게 받게 되기 때문에 모두 환상받기를 원하지 않고, 또한 사사 저축이 없어 곡식을 매매하여 국고에 바쳐야 하기 때문에 더욱 오랑캐들 땅으로 들어가기를 좋아하는 것입니다. 대저 수령들이 백성들을 돌보는 도리가 지극하지 못해서 그런 것이 아니라 거기 백성들은 비록 관의 곡식을 받는다 하더라도 반드시 이웃사람이나 족친들과 함께 먹어야 하므로 아침저녁으로 먹고 살 것을 비치하지 못하게 되기 때문에 가난한 백성들이 날로 점점 조잔해지다가 오랑캐들 땅으로 들어가게 되는 것입니다. 금방禁防하는 절목節目이 우연만하게 된 것이 아니지만 이렇게 되었으니 국가에서 마침내 금단하지 못하게 될까 싶습니다. 전일에 경연에서 여러 차례 이 폐단을 아뢰었는데 매양 상께서 본도의 감사와 병사로 하여금 조치하여 금단하도록 하겠다고 하셨습니다. 그러나 몰래 서로 흘러들어가는 것을 감사나 병사가 어찌 모두 알 수 있겠습니까? 국가의 폐해가 이보다 큰 것이 없습니다."[41]

41 중종 23(1528)년·戊子年 4月 21(壬戌)日, 『조선왕조실록』【태백산사고본】31책 61권 15장 B면·【영인본】16책 655면.

황헌이 평안도 양영兩營의 아전을 군역에 충당시키는 일에 대하여 좌·우의정에게 의논하니 김안로 등이 아뢰기를, "강변 군사들의 숫자가 적고 약한 이유는 그곳의 군사들을 양영으로 소속시켰기 때문입니다. 전에 경변사警邊使 심언광沈彦光이 서장에, 정원 외의 아전을 군역에 충당해야 된다는 내용을 건의하였으므로 병조와 의정부가 같이 의논하여 행이行移하였지만 관찰사와 병사 등이 그대로 시행하지 않았을 뿐만 아니라 다시 보고한 일도 없었습니다. 비록 해사該司에서 공사公事를 만들어 행이했어도 이렇게 해서는 안 되는데 하물며 조정에서 서북변방이 허술하기 때문에 각별히 조치하는 데이겠습니까. 따르지 않은 뜻을 진실로 추고하여야 합니다. 지금 경차관敬差官을 보내어 추쇄推刷하는 것도 마땅하겠습니다. 그러나 관찰사와 병사는 한 도의 책임을 맡고 있으니 비록 관할의 아전이라 하더라도 어찌 사사로운 뜻을 따라 국가를 속일 수 있겠습니까. 관찰사로 하여금 이름을 초록하여 계문하게 하는 것이 온당할 것 같습니다. 다만 병사의 군영은 어떤지 모르겠습니다만 평양은 우리나라의 사신들만 자주 왕래할 뿐이 아니라 명나라 사신들도 자주 왕래하니 갑자기 준비해야 될 일이 많이 생기는 곳입니다. 만약 정원 외의 인원을 모두 감하게 되면 평양부가 도리어 피폐될 것입니다. 한번 피폐해지면 정상으로 회복시키기가 어려우니 정원 외의 인원이 얼마인지 조사해

본 뒤 지나치게 많을 경우 짐작하여 군역에 충당, 피폐한 지경에 이르지 않게 하는 것이 타당할 듯합니다."[42]

조선 백성들의 평균적 삶은 곤궁했다. 사실적으로 묘사하자면 참담과 궁핍을 견디며 경제적 질곡을 버텨야 했다. 농업을 근간으로 삼는 민중의 삶은 철저하게 자연지배적이며 체질로 내면화된 복종과 수확을 향한 기다림의 자세 역시 소박했다. 철저한 신분사회에서 운명적으로 이를 견지하는 낭만성 역시 그들의 힘이자 짐이었다. 차별과 홀대를 당연시하는 삶의 자세도, 빈곤과 불편함을 견뎌내는 인내의 저력을 온몸으로 체화하는 데 익숙했던 것도 사실이다.

왕실과 양반, 지주와 관료라면 몰라도 민초들에게 풍요란 요원했다. 이 같은 상황이 때로 민중을 떼도둑으로 바꿔버리거나 오갈 데 없는 걸인으로 만드는 일 또한 비일비재했다. 그것이 왕조의 세월을 돌이키는 과정에서 '의도치 않은' 센티멘털리즘을 자극하거나 일상적 분노를 넘어서는 정치적 적개심의 단서를 손쉽게 동원하는 경우도 배제할 수 없는 과거다. 하물며 흔치 않은 외침과 전란까지 겪을 때랴.

조선 아전의 정치적 복종양식을 다루려는 지면 위에 군

42 중종 31(1536)년·丙申年 11月 2(甲寅)日, 『조선왕조실록』【태백산사고본】23책 41권 18장 A면·【영인본】22책 65면.

주의 평가까지 오롯이 기획하기란 용이하지 않다. 그것이 글의 부수적 의도도 아니다. 하지만 아전들의 도덕적 해이와 정치적 무능 말고도 이를 배양·온존한 역사의 대척점에 군왕의 무책임과 무관심이 자리하고 있음을 놓칠 수 없는 우리다. 특히 선조의 경우를 지나칠 수 없는 까닭도 여기 있다. 국가의 난관이 크면 클수록 이를 돌파할 리더십의 책무와 위기관리의 필요도 재론의 여지가 없고 내정의 치밀함에 뒤따르는 부담 역시 그에 비례함은 물론이다.

그러나 그는 어떠했는가.

> 전라도관찰사 이정암이 치계馳啓하였다. "하도 일대에 무도한 무리들이 난리를 틈타서 난을 일으켜 관고官庫를 부수고 관곡官穀을 공공연히 약탈해 간다고 하므로 한편으로는 장수를 정하여 난도亂徒들을 잡게 하고 한편으로는 두루 돌아다니며 효유曉諭하여 흩어진 백성들을 불러 모으게 하였습니다. 순천 좌수座首 장예원張禮元이 관노 강원姜元·심한沈汗 등과 공모하여 군량으로 비축한 백미 40여석을 훔쳐내고 창고에 불을 지르자 부府 경내의 도적들이 봉기하여 마구 성중으로 들어와서 관고의 곡물을 다 훔쳐가고 여염집과 관사를 모두 분탕했습니다. 도장都將 한구韓述 등이 난도 10여명을 쏘아 죽이고서 훔쳐간 관곡을 추적하여 백미 1백석과 잡곡 50여석을 되찾아 중국 군사의 지공支供에 보

태어 썼습니다. 부의 경내에는 품관·인민·아전 등이 일시에 흩어져 아직까지 한 사람도 되돌아온 사람이 없다고 합니다."[43]

관·민 결탁의 대표적 사례다. 그것이 하필 임란 직후에 발생한 일이고 보면 중앙의 통치력 고갈은 물론 행정 권력의 위엄마저 소실된 다음임을 여실히 알 수 있는 대목이다. 그것도 정작 민간이 주도하는 도적질이 아니라 일선 관료가 주동하고 민중이 가세하는 형국의 일탈행위이고 보면 당대의 조선은 도무지 영슈이 서지 않는 상황이었음을 능히 알 수 있다. 전란의 피폐함 속에 국격國格은 전락하고 나라의 중심이 있을 수 없어 지방 관리들의 만용이 극에 달하였음은 더 이상 '벌 받지 않을 자신감'이 퍼진 결과다. 관리들의 발호에 아전의 동조와 부추김이 뒤따랐던 것도 물론이다.

그럼에도 불구하고 누군가는 지배하고 누군가는 응하며 순순히 뒤따라야 하는 역할의 불평등은 엄연했다. 문제는 신분사회의 지탱을 근본적으로 끊거나 뒤엎을 민중저력은 물론 저항의 중심이 빈약했다는 사실이다. 게다가 그것 말고도 이를 용인하지 않을 수 없는 정치 심리적 자발성의 압도적 크기

43 선조 26(1593)년·癸巳年 8月 8(己丑)日, 『조선왕조실록』【태백산사고본】41책 82권 55장 B면·【영인본】17책 690면.

였다. 특히 선조조 이후 조선후기사회의 특징으로 그나마 신분질서의 해이를 염두에 두자면, 이 같은 관념적 용인과 현실적 불만 사이에서 생겨나는 혼돈은 유교국가 조선의 지속을 더욱 예외적으로 인식하게 만드는 단초가 된다. 머리로는 거부해도 가슴으로는 초극하는 저 기이한 견딤과 버팀의 역사성이 오백년 넘도록 지속한 세월의 정치력 말이다.

느닷없이 생각이 바뀌어 스스로 일하려 들거나 고단한 삶의 물리적 역할을 자초할 양반들도 결코 아니었다. 하물며 가진 땅을 무상으로 나누거나 소작이든 사역이든 흔쾌히 마다할 지주들이었으랴. 뿐만 아니라 이를 허여할 조선의 관료들을 어찌 기대할 일이었을까. 이를 바탕으로 삼으면 제아무리 개혁군주라 한들 세상의 근본까지 혁파할 생각마저 해주길 바란다는 건 지나친 발상이다. 얼마나 궁하면 왕까지 나섰을까. 자발적 사역이 싫어 진력난 노복들을 대신할 아전이 달린다면 일반 백성들로부터라도 충원을 고려해야 한다고 말할 정도의 군주였으랴. 역할의 도피와 자발적 해이를 염려하는 관리들의 제언에 대해 정책대안이라며 스스로 궁리한 인조의 생각은 이랬다.

> 헌부가 아뢰기를, "각사의 노복들이 신역을 꺼려 이를 피하기 위해 지난번 녹훈도감이 국局을 설치하던 때로부터 온갖 수단방법으로 청탁하여 서로 앞을 다투어 끼어들어

원종녹권原從錄券을 얻어내어 반드시 신역을 면할 계책을 이루었습니다. 각사가 나날이 형편없게 되어 가는 것은 실로 이 때문인데 지금도 이 녹훈도감에 각사의 하인들이 연줄을 통해서 투입된 자가 매우 많다고 하니 도감으로 하여금 엄격히 조사하여 녹훈의 일을 완전히 마친 뒤에 그들에게는 다른 상으로 논하여 주고 원종공신으로 녹훈하지 말아 간악하고 교활한 폐단을 막도록 하소서." 하니 답하기를, "오래 전부터 내려온 옛 규칙을 혁파하는 것은 부당하다. 공장工匠이나 아전을 모두 양인으로 쓰는 것도 혹 타당할 듯하다." 하였다.[44]

이처럼 애매한 아전이었다. 필요하면 양인들로부터 충원하고 가능하다면 군역과 신역을 섞어도 무방하였다. 없으면 없는 대로 동원하고 있으면 있는 대로 부리며 적절히 홀대하다 만 그들이었다. 흠결이라도 찾을라치면 체통과 신분에 걸맞는 메마른 호령으로 자신의 존재를 부각시키고 고치지도 못할 체제의 질병인 행정부패와 정치횡포 앞에 무기력해지기만 한 지배세력이었다. 인조 역시 필요하면 양인들로부터 동원 가능한 게 아전이라 생각한 탓이다.

44 인조 22(1644)년·甲申年 6月 24(庚辰)日, 『조선왕조실록』【태백산사고본】45책 45권 35장 B면·【영인본】35책 188면.

아전들의 횡포와 비리는 어느덧 체제모순의 상수가 되어 가고 있었다. 극단적으로 표현하면 그 정도로 왕조가 무너질 리 없다는 철저한 방임과 무기력한 외면이 되레 조선정치의 허망함을 북돋운다. 이 같은 자조적 해석이 가능할 정도라면 아전들의 행정권력 비축과 그로 인한 민중의 겁박은 역사 기록을 맡은 이들이나 이를 읽고 세상사를 헤아리는 사람들 모두에게 지극히 자연스런 일들로 수용되고 있었다. 아전과 부패를 손쉽게 등식화시키는 역사의 이유다.[45]

그래서였을까 군주까지 다다르면 아전들의 범법에 대한 권부의 판단은 흐려진다. 조선후기에 이를수록 더 그렇다. 가히 민란의 시대라 명명할만한 고종조까지 갈 필요 없이 아전의 일탈행위에 대한 조정의 대응은 단호하지 않았다. 그것이 연민의 정 때문인지, 국가 위기관리에 명민하지 못한 정치적 자책 결과인지는 불분명한 채 말이다. 예를 들어 다음과 같은 경우에도 숙종의 자세가 범법에 대한 용인인지, 아니면 단순한 정치적 외면인지 여부는 또렷하지 않다. 많은 부분을 임의적으로 지나치던 유교국가의 역사 관례를 감안한다 하더라

45 결기있는 아전들이 없었던 건 아니다. 시급한 업무처리 때문에 서둘러 결재를 기다렸어도 바둑에만 열중하고 있는 판서의 바둑돌을 쓸어버린 영조조의 '김수팽金壽彭'은 모범적 아전의 표본이다. 그의 또 다른 일화들로는 다음 문헌 참조할 것. 설흔, 『조희룡과 골목길 친구들 : 조선 후기 천재 여항인들의 초상』(서울 : 한국고전번역원, 2014), pp. 55-70.

도 이 같은 침묵은 좀체 이해하기 힘들다.

> 간교한 아전으로 진휼할 밑천을 훔친 것이 쌀 10석 이상 돈 50냥 이상인 자는 기민飢民을 모아놓고 바로 효시梟示할 것을 청하였으나 임금이 윤허하지 않았다.[46]

민란의 시대가 조선의 사회혁명을 담보할 정치적 숙성단계였는지 여부는 아직도 탐구대상이다. 하지만 구조적 변혁을 담보하지 못한 저항일망정, 그것이 왕조국가의 근본을 뒤흔들만한 전대미문의 단서가 되었음은 재론의 여지가 없다. 좀 더 강하게 밀어 부칠만한 민중의 정치중심이 확고했다면 이른바 자발적 근대화의 계기가 마련되었을 것이란 아쉬움이 커지는 것도 이제는 역사의 상식이다. 역사변화의 자기궤도를 수정할 힘을 스스로 동원할 수 있는 조선이었다면 얘긴 크게 달라졌을 터다.

동시에 생각하지 않으면 안 될 사항은 역사의 인과론을 규명하는 크고 작은 일들의 관계다. 그리고 이를 견인·결정한 당대의 역사의식과 정치적 동력의 한계를 사회과학적으로 재인식하는 일이다. 널리 알려진 대로 아전의 정치경제적 횡

46 숙종 24(1698)년·戊寅年 1月 13(己丑)日, 『조선왕조실록』【태백산사고본】34책 32권 4장 A면·【영인본】39책 483면.

포는 고종조 전후의 민란을 자극·촉발한 급박한 단서로 작동한다. 하지만 그것이 왕조국가 조선의 사회적 해체와 정치적 붕괴를 자초한 결정적 동인인지 여부를 알려면 보다 면밀한 인과론 규명이 필요하다. 극적인 상상이 허용된다면, 왕조붕괴와 해체라는 거대현상의 원遠인은 조선 민중전반의 아전혐오와 거기서 출발한 반관료주의적 사고였다는 가설 역시 가능할 것이다.[47]

식민지를 요구할 정도로 막강한 일본의 대對조선 압박과 폭력이라는 근近인을 넘어설 수 없었을망정, 이를 견인·배양한 국내모순의 핵은 통제 불능의 행정 권력과 그로부터 가속화된 정치균열로부터 시작되었다고 보는 건 어떨까. 그 주변에는 이루 형용하기 힘겨운 국가몰락변수들이 숙성되고 있었고 이를 가속화하는 국내외 변인들마저 합성·가세하는 말기국면의 진전도 얼마든지 상정 가능할 것이다. 이를테면 〔민란 → 군란 → 외세개입 → 농민전쟁격화〕라는 국내 변인과 〔청일전쟁 → 노일전쟁 → 강점기체제 발동〕이라는 동북아 국제질서의 재편모드는 매우 작은 정치변동의 단서로부터 모습을 갖춘다.

아전의 정치사회적 미약함은 행정 권력은 물론 사신의 실질적 권세를 숨기기 위해 더없이 좋은 핑계였다. 문제를 문

47 이에 대해서는 다음 참조할 것. 송기호, "다산의 공직윤리 함양에 관한 연구," 공주대학교대학원 윤리교육학과 박사학위논문(2010), pp. 138-143.

제로 인식하면서도 외교 무능과 위기대처한계에 시달리던 조정이 말단관료의 부패조차 규제·척결하지 못한 한계는 당대의 정치비극을 더불어 자극한다. 군왕의 문약함과 정치적 무기력이 한층 돋보이는 대목도 바로 여기다. 아전의 민중핍박과 전국적 발호조차 손보지 못하는 군주에게 체제의 정치력을 다잡고 국가위기관리에 만전을 기할 능력마저 보여주길 바란다는 건 무리였다.

아전의 발호와 행정부패 앞에서 왕이 더 초라해지는 까닭은 다음 인용문에도 있다. 개탄과 기다림, 우려와 지탄, 분노와 방임의 교차 속에서 실제로 군왕이 할 수 있는 조치란 메마른 행정개혁의 그것조차 넘어서지 못하고 있었던 때문이다. 아니, 아전 하나 어쩌질 못하는 군주에게 왕조 존치의 대업을 기대한다는 건 색다른 버거움이었으리란 해석도 그래서 가능하다.

> 전교하기를, "백성들이 고통을 받고 있은 지 오래인데 위에 있는 자들이 그대로 둔 채 내용을 묻지 않았기에 아전들이 이로 인해 간사한 짓을 하여 피폐하지 않은 고을이 없게 되었다. 백성의 부모가 되어 자식의 고통을 몰라서야 되겠는가. 팔도의 도신들로 하여금 도내의 폐단을 모두 열거하게 하고 이어 바로잡아 구제할 방도를 진달하게 하라. 만일 그 대책이 없으면 대책이 없다고 현록懸錄하고 먼 도는 5

개월, 가까운 도는 3개월 이내에 성책成冊해서 올려 보내게 하라. 만일 자신에게 해가 될까 두려워하여 형식적인 것으로 여겨 왕명을 받들어 행하기를 성실치 못하게 하면 속이고 직무를 제대로 수행하지 못한 죄를 면하기 어려울 것이다. 이런 내용으로 팔도와 사도四都에 행회行會하라." 하였다.[48]

감생청減省廳에서 아뢰기를, "각도와 각 읍에 폐해가 없는 곳이 없는데 이것은 전적으로 아전의 인원수가 너무 많은 탓입니다. 살아가기가 점점 박하여 여러 가지로 농간질을 많이 하다 보니 포흠이 쉽게 생기게 되었습니다. 이제부터는 주州, 부府, 군郡, 현縣의 아문衙門에서 전부 전식典式에 실려 있는 원래의 수대로 마련하게 하며 기타는 모두 없애도록 팔도와 사도에 행회하는 것이 어떻겠습니까?" 하니 윤허하였다.[49]

강원감사江原監司 민치서閔致序가, '원주 백성들이 환곡의 폐단을 일신하여 바로잡겠다고 읍내에 모여 밤이 깊도

48 고종 19(1882)년·壬午年 8月 4(丁巳)日, 『조선왕조실록』 23책 19권 50장 B면·【영인본】 2책 59면.

49 고종 20(1883)년·癸未年 1月 4(丙戌)日, 『조선왕조실록』 24책 20권 2장 A면·【영인본】 2책 84면.

록 고함을 지르면서 아전의 집을 파괴하고 난동을 부린 죄는 물론 엄하게 다스려야 할 문제입니다. 그런데 읍내의 아전들도 마을에 나가서 집을 파괴하였으니 더욱 놀랍습니다. 일체 엄히 가두어 주동자를 체포한 뒤에 경중을 나누어 처분하도록 하겠습니다. 그러나 신도 위엄을 보이고 은택을 베풀지 못하여 이처럼 직책을 수행하지 못했으니 황공하여 대죄합니다.'라고 아뢰니 전교하기를, "경은 대죄하지 말라. 아전과 백성들이 서로 무리를 지어 인가를 불태우고 파괴하였으니 이것이 무슨 변괴인가? 원통한 것을 호소하고 폐단을 고칠 방도가 왜 없겠는가? 깊은 밤에 작당하였으니 백성들의 습성이 틀린 것이고 마을에 나가서 소란을 피운 것은 아전 무리들의 간계이다. 이에 대하여 철저히 구핵鉤覈하지 않을 수 없으니 죄가 누가 중하고 누가 가벼운지 각별히 살펴서 혹 한 사람이라도 억울하게 걸려드는 일이 없도록 묘당廟堂에서 말을 만들어 행회하라." 하였다.[50]

이 정도의 관심으로 구제의 손길을 기대할 나라였다면 해체와 붕괴란 단어는 조선의 것이 아니었을 터다. 군왕의 정치적 기대와 능력이란 것도 전혀 다른 차원의 문제였다. 원한

50 고종 22(1885)년·乙酉年 3月 29(戊辰)日, 『조선왕조실록』 26책 22권 15장 A면 ·【영인본】 2책 194면.

다고 얻을 것이라면 이 같은 개탄의 기록들이 남아있을 리 있었겠는가. 문제는 큰 것을 해결하지 못하는 정치적 무능의 또 다른 작은 내역들을 천착·확인하려 드는 학문적 자세와 지탱이다. 여기서 새삼 눈여겨보아야 할 소성의 세기말 현상은 무엇일까. 그것은 곧 군주와 신료가 할 수 있는 정치 행정 조치의 최대치란 어떤 모습을 취하는지에 대한 새삼스런 관심이다. 게다가 그것이 고작 그들 모두가 이미 알고 있는 당대 폐단의 재확인이거나 아니면 명분 세우기용 사후 조치 혹은 이를 위한 실무자들의 만남일 뿐이었다는 사실이다.

이른바 상부의 명령을 하달하고 집행하기 위해 모이는 행회行會란 고작 정치불안을 달래기 위한 관료들의 자위와 변명을 위한 자리에 다름 아니었다. 그런다고 상황을 호전시킬 결정적 계기를 마련할 수 있었던 것도 아니다. 아전의 발호와 폐단의 확장은 분명 의도치 않은 역사의 결과다. 그리고 결코 부인하지 못할 국가몰락의 근인으로 엄존한다. 조선의 붕괴를 설명할 구조적 변인의 항목들을 일일이 열거하긴 어렵다. 하지만 민란의 직접적 도화선으로 아전의 횡포는 삼정의 문란을 재촉하고 왕실을 교란하는 촉진제였다.

작은 것이 큰 것을 유린하고 낮은 자리의 직분이 높은 이의 위신과 존재이유를 말살하는 역사의 이변은 천연스레 존치되고 있었다. 아전조차 제대로 부리지 못하고 일탈과 부정마저 다스리지 못하는 상전의 정체성은 모호해지고 있었다.

아전은 그래서 조선의 지배계급을 비추는 역설의 거울이자 반면교사다. 민란이 외세개입을 자초하고 반외세의 저항민족주의가 식민의 외삽구조를 유인한 구조적 변수였다면, 조정의 정치적 무위와 비동非動적 혼돈은 행정 권력의 말단조차 제어 못하는 예외적 한계였던 셈이다. 동학농민혁명이 청일전쟁의 단초가 되고 끝내 갑오개혁의 계기를 이루지만 강점기 조선의 출발이 군주와 민중의 집단의지와 근본적으로 유리된 결과였다면 당대 사태의 확장은 생각해야 할 역사의 단서들을 켜로 쌓는다.

조선의 붕괴원인을 아전의 폐해로부터만 구하려는 자세는 결정론적 오류를 안는다.[51] 걸핏하면 그들을 향한 돌팔매

51 조선의 몰락을 설명할 역사의 구조와 배경은 방대하다. 특히 관료부패란 관점에서 조준하더라도 그것을 아전이라는 한 직종으로만 제한할 수 없는 이유는 적잖다. 눈여겨보아야 할 구조와 배경, 특히 당대 지배세력의 정치적 모순과 얽혀있음을 거시적으로 이해할 필요는 다음 연구만으로도 충분하다. 이상엽·정건섭, "조선후기 지방행정에 있어서 이서의 부패유발요인과 반부패개혁론," 한국지방자치학회(편), 「한국지방자치학회보」 제16권 1호(2004), pp. 295–317. 특히 다음 인용부분에 유념할 것: "조선후기의 지방이서 부패와 이에 따른 각종 폐단은 널리 알려진 사실이다. 이서집단의 부패 문제가 심각하긴 했으나 그 유발요인이 이서 개인들의 탐학성 차원보다 조선조 양반관료제의 구조적 모순, 사회경제적 변화에 대한 체제의 대응력 부족, 방만한 수취체계와 이를 통제할 수 없었던 행정 통치능력상의 문제 그리고 지방행정의 지배구조 취약성 등의 부산물로 나타난 것이라 볼 수 있다. 다만 조선조 대부분의 문헌에서 이서의 부패를 몰아세우는 것은 인간이 실천할 수 없는 명분론을 사대부가 장악해서 이를 자기한테 적용하는 것이

가 던지는 자의 위선과 무능을 가리려는 면피의 핑계가 되는 것도 모르지 않는 우리다. 다만 낡을 대로 낡아 조그만 충격과 외풍만으로도 무너질 체제의 극히 작은 존재였는지, 아니면 존폐 위기의 원인들에 불을 지른 결정적 촉매이자 집단분노의 계기였는지 생각하도록 함께 자극하며 말이다.

아전들의 역사 속 디테일에 자주 압도되는 까닭은 권력의 현장마다 드러나는 복종의 파괴력 때문이라는 게 필자의 생각이었다. 그들의 의도적 굴종은 자기이익의 극대화를 노린 합리적 판단과 이를 온존·지탱하려는 전략적 사고에서 돋보인다는 것도 부수적 발견이었다. 외형적으로 드러나는 예외적 야비함이나 상상을 뛰어넘는 굴욕적 추수追隨도 궁극적으로는 이 같은 계산의 치밀함에 따라 수행된 정치였음을 헤아리는 데도 그리 많은 시간이 필요하진 않았다.

조선 초기의 잠정적 세습 문화와 달리 충원과 고용구조의 지탱에서 불안한 모습을 보인 아전의 신분은 정치적으로 애매했다. 그들을 흔히 중인이라 일컫지만, 그렇다고 이성적 자각이나 근대화 추진의 적극적 주체였던 서구의 중간계급과 같지 않았고 경쟁조건과 능력유무에 따라 선택 가능한 임의로운 직업대상도 아니었기 때문이다. 이점에서 그들의 역사적

아니라 타인이나 다른 집단에 적용시킴으로써 정치무기화, 자기합리화 도구로 활용했던 위선적 명분론의 산물이라고 본다."(p. 296)

표류와 사회적 기생은 운명처럼 내면화하고 기회의 포착과 눈치의 체득은 경험적 필수조건으로 정착한다.

개인적 성취동기를 보장하는 정치적 자유와 사회평등기류도 없고 욕망의 체화란 예의가 아니며 곧 인간의 관행일 수도 없는 지독한 신분체계 안에서 기대상승효과나 그에 따른 상향적 유동성이란 원초적 고통이었다. 원한다고 오를 수 없는 높은 자리와 편안한 직분은 동경 대상이었으되, 가질 수 없는 대상이 바라보는 자를 학습시킨 역사적 결과는 뚜렷했다. 한결같이 그에 다가서고 최대한 가까이 머무는 삶의 요령과 정치적 온존이었다. 같아질 수는 없어도 최대한 비슷하거나 근사近似해질 것.

하염없는 물리적 까치발이 새로운 운명개척의 획기적 계기는 이루지 못할망정, 낮음의 불편과 수모를 피할 수만 있다면 생존의 대안으로 취하지 못할 바 없고無所不能 가지 못할 곳 없는無所不在 조선이었다. 그리하여 나아질 기미만 보인다면 결탁과 야합은 물론 부패와 불의도 얼마든지 외면할 단어였다. 과거와 음서 혹은 각별한 발탁이 아니고서는 계급의 상향이동이란 생각조차 할 수 없는 엄혹한 신분사회에서 유난히 정치적이거나 생장력 강한 양인들에게 적응의 험난함 따위야 문제될 리 없었다. 조건과 상황을 만들지 못하는 한, 그에 맞춰 사는 일은 그리 어렵지 않았다.

신분이동의 족쇄를 본원적으로 분쇄하긴 힘들었어도 미

미한 탄력과 유동성을 보인 건 그나마 예외적이다. 글과 문자로 사대부 집권문화의 주변부를 장악한 일부 중인들을 여(위)항閭·委巷문학인으로 간주함[52]이 그랬고 신분상승의 가망이 어렴풋할 때 다시 전락할 조짐이나 과거로의 복귀를 극히 두려워함도 주목하지 않을 수 없다.

정옥자는 다음과 같이 짚는다.

> 중인층의 한문학에의 참여 상황을 살펴보기 위해 표본으로 고찰하여 보려는 옥계시사玉溪詩社의 중요구성원은 경아전이라 보겠다. 그러나 그들은 이미 영시詠詩를 통해 자신들의 강개慷慨를 토로하여 소단騷壇의 주목을 받음으로써 이미 신분상승의 욕구를 어느 만큼은 충족시키고 있다고 보인다. 이들이 간혹 남긴 문집 등의 묘표류墓表類나 행장류行狀類에 서얼임을 명기한 예는 없다. 그들이 본래는 양반 신분이었음에도 지금에 와서 낙척落拓된 불우를 한탄하는 간접적인 표현만이 쓰이고 있는 것이다. …. 중인계층에서는 후기에 이를수록 분화작용이 계속되면서 상호출입이 무상했을 것으로 인지되며 실제로 그 가입이 상서(象胥 : 역관과 서리)를 겸하는 예도 보인다. 서얼들의 허통許通운동이

52 이에 대해서는 다음 연구 참조할 것. 강명관, 『조선후기 여항문학연구』(서울 : 창작과비평사, 1997).

란 부계父系의 사대부 신분에서 하락되지 않으려는 상승에의 집념이고 그들에게 실제로 부여되는 중인 직에 떨어지지 않으려는 안간힘인 것이다.[53]

오르고 싶다고 올라갈 수 있는 세상은 아니었다. 나락으로 빠지지 않으려 몸부림쳐도 용케 피할 재간은 늘 어림없었다. 오죽 양반이 되고 팠으면 상전의 거들먹거림을 시늉이라도 냈으랴만 양민의 몸으로 근접할 최대한의 권력은 아전까지였다. 그것이 나라의 한계이자 여기서의 논의 중심이다. 홀로 크지 못할 때, 한사고 크고자 궁리하는 이들의 정치적 다다름은 강자에로의 빌붙음과 이를 통한 힘의 확장이었다. 애당초 힘이 힘을 만드는 세상 속에서 복종은 생존의 유일 방편이기 때문이다. 자신도 살고 주변도 살아야 하는 상황에서 물리적 잔존만이 삶의 기본 목표가 될 때 염치와 의리는 가치의 최고항목에서 밀릴 수밖에 없었다.

복종의 대가가 불확실하거나 터무니없이 흔들릴 때 삶의 절박함 역시 비례하는 건 당연하다. 미래의 불안이 사라지고 안정의 쾌적함이 엿보이기만 한다면 무슨 짓이든 할 수 있는 용기가 충천하는 것도 그 때문이다. 불안이 영혼을 잠식하고

53 정옥자, 『조선후기 중인문화 연구』(서울 : 일지사, 2003), pp. 33－34.

도덕률의 부담이 하등의 공포를 담보하지 않았던 까닭도 따라서 유교국가 조선의 몫으로 고스란히 귀결된다. 하급관리의 부정과 일탈을 엄연히 알아차리고도 이를 기정화함으로써 백색부패를 온존시킨 것도 국가 방임의 결과였던 셈이다.

그것이 경제적 보상을 넘어서는 정치적 보상의 기획물이었는지는 또 다른 탐구대상이다. 하지만 기존 권력에 빌붙어 또 다른 권력을 재생산해내는 정치적 기술은 초인적 적응과 예외적 처신이 빚은 괄목할만한 대상이다. 이와 같은 역사의 사실들을 온전히 인정할 아전들일는지 아전을 끝내 아전의 입장에서 바라보지 못한 한계는 이 대목의 치명적 흠결로 남는다.

조선의 정치적 복종은 형식과 내용에서 모두 분화하고 있었다. 지방은 지방대로, 중앙은 중앙대로 애당초 큰 권력을 갖겠다고 작정하는 야망의 소유자보다 어떻게든 살아남아 자기 거점의 확장과 정치적 운신 폭을 넓히려는 작은 사람들을 끌어안고 있었다. 지방행정권력이 아전들의 야무진 꿈으로 농락대상이 되고 있었다면, 중앙정치권력 주변에는 이른바 측근권력이라는 새로운 힘의 단위가 공고화한다. 약속이나 한 듯 중앙과 지방 가리지 않고 권력의 음성적 제도화가 가능했던 건 오랜 의도적 정치행위의 결과다. 내시들의 정치력이 급기야 중앙권력의 조율과 타협 거점은 물론 왕실정치의 균형추까지 담당한 역사의 사연들을 주목해야 할 이유다.

보조권력이 스스로 정치화한 까닭은 권력 학습에 따른 자기방호와 무시하지 못할 안정적 기반을 확보·지탱하는 데 있었다. 바꿔 말해 경제적, 신분적, 육체적 콤플렉스를 일거에 뛰어넘는 보상욕구는 물론 양반·지주·관료들처럼 세습과 충원의 안정성을 보장받고 싶은 욕망 때문이었다. 그것은 곧 경쟁에 의한 제도적 충원절차를 거치지 않고 개개인의 각별한 사유로 지명 선발되거나 집권세력의 기득권을 모사·향유하려는 욕구를 단념하지 않는 위인들의 꾀와 의지가 화학반응한 결과다.

아전과 내시들이 자신의 아우라를 유지·계승한 결정적 동인은 권력의 자가발전 가능성에 있었다. 집권세력 전반이 그들을 현장에서 축출하지 못한 궁극의 이유도 그 힘을 이용하려 한 정치적 계산 때문이다. 그들의 폐단을 알고 있다는 집권세력의 심리적 불편함보다 상전들이 챙길 정치적 이익이 훨씬 컸던 탓이다. 무리하게 비유하면, 가치교환이나 이익의 상호보장을 암시하는 계약론적 합리성의 기미마저 엿보인다. 입만 열면 집권세력이 되 뇌인 위민과 천명덕치의 정치는 적어도 이 대목과 거리가 먼 개념들이다.

이들을 고용하여 정보를 독점하고 권력투쟁도구로 삼으며 물리적 노동마저 대행시킴으로써 지방권력과 중앙권력은 오래도록 편안하였다. 하지만 사역 당사자들이 권력 밀착의 대가를 고스란히 누리는 동안, 어느 한 쪽도 불리한 가치교환은 있을 수 없었다. 명분과 실제의 사이는 하염없는 간극으로 아련했고 이익과 가치독점에서 조선의 권력은 영악함의 경지를 한참이나 넘어서고 있었다.

III.

조선조 중앙정치권력의 방임과 조종 : 내시의 복종정치학

조선 아전의 정치적 고백을 기대하기 힘든 현실은 내시의 세계에서도 마찬가지다. 복종을 통한 강인한 적응과 조금이라도 자기 처지를 개선·확장하려는 의도를 진솔히 드러내는 일은 생각보다 쉽지 않았을 것이다. 삶의 지탱이 절체절명의 목표인 상황 속에서 자신을 냉정하게 돌아보거나 후대의 참조를 위한 실토까지 그들에게 기대하기란 지나치기 때문이다.

그러나 조선조 보조권력에 관한 기초문헌의 빈곤이 탐구 그 자체를 방해하는 결정적 요인은 아니다. 도리어 이를 핑계 삼아 외면과 방임을 합리화하고 연구의 지체를 당연시하려는 인문학적 풍토가 더 문제다. 제도 권력의 흐름과 지배세력의 역사적 존재양식을 뒤섞거나 동일시하려는 기왕의 연구 자세는 여전히 편년체 기록의 틀에 갇혀 군주집권기별 시대 분석과 대표적 사단들의 인과율 추적에 매달리는 형국이다.

역사연구가 주변 학문과의 통섭과 협업보다 단일 주제의 문헌천착과 사료발굴을 통한 (해석의) 틈새 메우기로 일관하는 경향에 대해서는 앞서 지적한 바 있다. 학제연구의 제한은 물론 개념의 차용이나 이론원용이 탐탁지 않은 까닭도 이 같은 문화의 소산임은 다시 강조할 필요조차 없다. 인과론과 객관적 역사서술이 주류인 역사탐구의 장에서 오늘은 어제와 내일을 잇는 중차대한 시간적 준거이며 특히 과거의 기반 없이 존재할 수 없는 귀한 결과물이다. 어제가 늘 오늘에 앞서는 이유다.

시간의 종축이 압도적 기준으로 각인되는 역사연구현장에서 숱한 당대의 구성 분, 특히 크고 작은 권력단위들의 횡적 연대와 물리적 관계는 우선 관심대상이 아니다. 시대의 총체적 이해가 역사의 디테일을 가릴 수 없고 사건 발생의 원인과 결과를 밝히는 과업이 먼저라는 믿음은 역사학 밖의 접근을 원천적으로 막는다. 역사를 말하되, 시간의 변이는 물론 행적의 부침만 섭렵함으로써 외재外在하는 일체의 군상과 그 역동적 존재들과의 관계에 정작 눈감은 모습은 역사의 사회과학적 해석이나 그 자연스런 지적 수렴과 상관없었다.

역사학을 비롯한 인문학 보편의 배타성이나 자기 완결적 고결함은 좀체 포기하기 힘든 학문적 체질로 정착한지 오래다. 이를 전혀 보수적이라고 자책하지 않으며 자유와 개방의 지적 단위로 스스로를 치부하는 자존의 과잉도 외면과 단절의 당연한 결과다. 무엇보다 정치현상 그 자체를 복합적 권력단위의 상호작용이자 긴장의 균형결과로 인식하려는 이른바 상대론이나 학문 밖 비판을 의식하고 싶지 않았던 전통사학은 모종의 무풍지대를 누비던 터였다.

문헌의 엄정한 독해는 물론 연구대상의 즉자적 천착을 골자로 삼는 사학 본연의 탐구 자세는 자연히 '밖'과 '옆'을 등한시하게 마련이었다. 즉자적 탐구란 곧 단독 주제에 대한 집약적 분석과 심층적 접근을 목표로 삼기 때문에 권력 역시 관계의 산물이거나 흐름이라기보다 고정 자원 아니면 독점적 보유가치로 제한하려는 경향이 강하다. 이를테면 군신과 부자 관계만 하더라도 엄격한 신분사회의 역사연구에서는 가장 단순한 물리적 이원성으로 의식할 뿐, 정작 자식과 자식(들)의 관계나 신하와 신하(들) 사이에 드러나는 갈등이나 긴장을 도구와 창窓으로 삼지 않는다.

이는 곧 가부장적 권위주의나 강력한 중앙집권체제에 익숙하여 모두가 한 사람만 보고 움직인 당연한 결과였을 것이다. 뿐만 아니라 권력의 중심이 걷는 대로, 게다가 생각하는 대로 압도당한 구성원들의 의식은 지식의 영역이라 하여 크

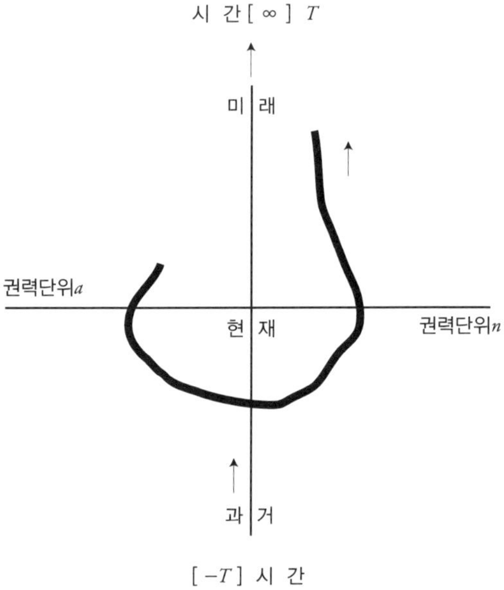

〈전통사학의 시간 이해와 권력관계〉

게 다르지 않았고 관계의 복합성을 전면에 내세우지도 않는다. 따라서 역사란 권력과 민중의 갈등은 물론 그(들) 사이의 내부(재)적 긴장결과란 인식이 의외로 약하(했)다. 그림에서 보듯, 역사학 보편의 시간 이해는 물리적·단선적이며 민중과 권력의 역동성 자체를 관념적으로만 수용하는 관계의 배제가 지배적이다. 권력단위 상호간의 관계 역시 제한적으로 받아들이는 폐쇄성마저 자연스럽다.

역사연구를 위해 권력관계의 전면적 확장을 도모하는 일

도 쉽지는 않다. 인문학적 탐구지평을 넓히기 위한 사회과학 방법론의 총체적 적용 역시 불가능하다면 필자는 '관계의 정치학'을 도입·의식할 필요가 있음을 강조할 따름이다. 단선적인 시간 이해를 이겨내고 연구의 상대적 탄력을 더할 수 있다면 탐구대상 그 자체만 바라보지 말 것이며 바로 '곁'도 자각하고 등 뒤의 존재도 느끼자는 것이다. '제도' 역시 권력과 인간의지의 산물이며 조선의 '국가'는 군주 마음대로 다스릴 수 있는 '종이나라'나 물처럼 만만한 '공동체'가 아니었기 때문이다.

'관계의 정치'는 권력이 본디 상대적인데다 고여 있는 물이나 고형자원이 아닌 흐름이자 재생산의 결과물임을 일깨운다. 뿐만 아니라 그 힘은 반드시 높은 곳에서 낮은 곳만 지향하지 않고 '옆'으로 흐르며 '위'로도 치받는 예외성을 지닌다는 점에서 극적 요소마저 공유한다. 신분사회 조선의 정치권력이 일방적 하향성의 관행을 깬다는 사실은 그 자체만으로도 흥미롭다. 그것은 일상으로 익숙해져 있는 역사적 상식과 세습군주체제의 힘의 관성을 새로운 시각으로 조준할 필요가 있음을 일깨운다.

도도한 세월의 흐름 속에서 정치권력의 하방下方성을 견제하고 힘의 새로운 균형과 창출을 근본적이거나 구조적으로 도모하지 못했던 건 왕조사회 조선의 치명적 한계였다. 하지만 왕실의 일방적 교만과 권력의 독선이 새로운 지배세력의 등장을 위한 힘의 균형점을 자극하고 끝내 조정의 교체와 도의적 민중지배를 위한 정치교육 명분과 실천 근거를 마련할 수 있었던 건 체제의 모범적 권력관계구축으로 각인될 수 있었다. 뿐만 아니라 강자에 빌붙어 정치적 자기중심성을 과시·증폭하고 전례 없는 권세와 일정한 추종세력을 동원·비축할 수 있음은 여기서 다시 살피는 유교국가의 모순이다.

필자가 사용하는 보조권력과 기생권력 혹은 후발後發권력은 파생권력으로서의 발생론적 특성보다 상위 권력을 무시로 활용·능멸하고 외면·배제하기까지 하는 역류성을 공유한다. 이 점에 주목할 필요가 있다. 과연 그 콘셉트의 역사적 보편성을 얼마나 담보·유지하느냐는 물음은 따져보아야 할 과제로 남는다. 하지만 일상의 유교권력을 배반·초월하고 기왕의 권력근거를 통한 힘의 재생산과 확장구조를 독점하려는 정치적 일탈은 지속적으로 유념해야 한다.

아전에 이어 내시의 정치력과 자기권력도모의 역사성에 주목하려는 것도 이 같은 이유에서다. 다음 몇 가지 항목들은 아전의 행정학과 내시의 정치학이 어느 지점에서 일치하고 엇갈리는지 헤아릴 준거가 된다. 아울러 이들 두 경우를 종합하면 정치권력의 창출과 유지는 신분의 높낮이와 직접 연관이 없고 조선정치는 지배권 행사과정에서만 확인할 수 있는 게 아니라 복종의 여러 형식 가운데 자발적 과시와 보상적 추종의 예에서 더욱 두드러진다는 사실을 알게 된다. 특히 조선정치에서 자기정치Self-Politics의 가능성은 신분과 관계없이 늘 열려있었다는 역설 또한 가능하게 된다.

1. 권력을 온전히 세습·지탱하거나 체제를 변혁·혁파할 수 없는 대신, 상상을 뛰어넘는 자발적 복종과 초인적 적응을 자처한다는 점에서 둘은 서로를 거울로 삼는다. 역사를 만들거나 이끌진 못할망정, 바꿈의 단서를 자각할 만한 동물적 감각을 공유한다는 점에서도 둘은 일치한다. 특히 강자의 측근을 자임하며 행정 수발과 온갖 궂은 일들을 무릅씀으로써 자신의 예외적 역량을 부각시키고 독보적 역할 또한 재생산한다.

2. 같으면서도 다르고 차별적이면서도 유사한 특성을 나누는 둘은 닮았다. 아전의 정치력이 지방행정현장과 음성적 제도화 과정에서 돋보인다면 내시의 그것은 최고 권력의 통치과정과 측근정치에서 두드러지기 때문이다. 힘의 행사공간만 다를 뿐 역할의 내용은 서로를 명징하게 비춘다. 지방정치와 행정 권력집행에서 아전들이 동원·교란하는 힘의 메커니즘은 내시들의 경우, 왕명출납과 그에 따른 파생권력의 증가로 구체화한다.

3. 내시의 측근정치는 군왕과 관료 사이의 일정한 갈등관계

를 기본자원으로 삼는다. 두 세력의 긴장과 알력을 먹고 사는 존재가 내시다. 평소 관료들의 견제가 못마땅한 군왕은 본인이 직접 제어하기 힘든 관계의 불편함을 제거하기 위해 내시들을 활용, 약점을 잡거나 혹은 내시들 스스로 정보를 제공·왜곡함으로써 총애를 동원하기도 하고 이를 감 잡은 관료들과 주도권 쟁탈경쟁에 돌입하기도 한다.

4. 관료들은 부와 권력을 독점하고 이를 세습한다는 기득권 향유에서 우위를 점하지만 최고 권력과 임의 대면하거나 지근거리에서 상시 소통하지 못한다는 약점 때문에라도 내시들과의 불편한 관계를 청산하지 못한다. 도리어 집권세력 특유의 정치적 콤플렉스로 내면화하게 마련이다. 이를 자기권력 확장의 결정적 기회로 놓치지 않는 이들 역시 내시다.

정원 140명의 조선 내시가 수행한 핵심 역할이 왕실정치의 갈등 조장이나 조율로만 맞춰진 건 물론 아니다. 게다가 이들 모두가 하나같이 '그늘진' 임무로만 자신들을 묶고 반사이익만 노린 존재들인 양 인식하는 것도 경계해야 한다. 그럼에도 불구하고 그들이 왕실 정치과정을 퇴행·악화시키고 이를 음성적으로 제도화하는 데 이바지한 사실들을 감안하면 해석과 평가의 형평을 꾀하는 일은 더 중요해진다.

내시들은 일반적으로 왕실에서 근무하는 성불구 남성impotence으로 각인된다. 내시에 대한 부정적 인식이 이를 둘러싼 세상의 성정치적 편견이나 내시 자신들의 심리적 자아방어 때문인지는 확실하지 않다. 단지 가설적 사고일 뿐, 이를 반증할만한 가능성도 크지 않다. 어떻게 하여 내시가 '되었는지'와 입궐 후 그가 무엇을 '했는지'는 전혀 다른 차원의 물음일 뿐 아니라 서로 겹쳐볼 이유조차 분명치 않기 때문이다. 상관성을 검증할 객관적 규준도 애매하다.

왕실 측근정치의 핵심채널이자 치명적 변수의 하나인 내시는 스스로를 한껏 낮춤으로써 하염없이 높아지고 군왕과 격의 없이 가까워짐으로써 시나브로 막강해진 조선의 대표직능이다.[54] 누구나 원한다고 높아질 조선사회는 아니지만 최고 권력의 근접보좌가 가능한 조건이라면 나머지는 자기 '하기' 나름인 세상이었다. 하나를 빼앗기고 모두를 얻을 수 있는 길이 열린다면 그 길을 마다할 이들은 의외로 적었다고 보아야 할 터다.

그들의 처지야 안 그래도 좋지 않았다. 양반관료들의 경

54 중국의 경우를 빌려 설명한 문헌은 다음 참조할 것. 미타무라 다이스케三田村泰助 지음·한종수 옮김, 『환관 이야기 : 측근 정치의 구조』(서울 : 아이필드, 2015).

계대상이자 심지어 저주의 과녁마저 무릅쓸 형편이라면 주군을 향한 의무론적 자세의 기본은 자기방호의 더없는 핑계가 된다. 스스로 뛰어넘어야 할 육체적 콤플렉스나 임무 자체가 발휘하는 정치적 비중이 서로 상쇄 가능한 지와 관계없이 왕을 위해 움직여야 할 내시의 위상은 그 자체만으로도 지배엘리트들을 압도하기 충분했다. 정치적 입지확장과 자기증폭 가능성 역시 이 같은 조건의 산물이었음도 재론의 여지는 없다.

조선 내시의 정치사회학을 들여다보기 전에 그들의 성불구를 둘러싼 오해부터 바로잡자. 그들에 대한 편견 대부분은 성기 유무의 잘못된 상상이 주류를 이룬다. 특히 후천적 사연에 의해 그들의 음부가 절단되었다는 대목은 제한적인 경우들만 제외하면 대부분이 오해다. 아예 작정하고 특정인을 내시로 만들려 했던 사람executioner들은 역사적 관례에 따라 고환睾丸만 제거했을 뿐, 외음부(돌출성기)마저 의도적으로 없앤 건 아니란 사실[55] 말이다. 전쟁포로나 형벌대상으로 이를 무릅써야 했던 다른 나라의 경우는 여러 유형의 응용도 가능했다.

예외 없는 관례는 존재하지 않는다. 조선의 경우도 얼마

55 조선의 경우는 흔히 고환만 없지만, 명나라는 고환과 성기 둘 다 없는 게 큰 차이이다.

든지 예외가 있기 때문이다. 앞서 인용한 바 있는 다예의 다음 주장이 이를 뒷받침한다. 부모의 보살핌이 소홀한 틈을 타 배설물을 가리지 못하는 소(유)아의 아랫도리를 집안의 개가 핥고 치우는 과정에서 덮쳐비리기나 물어뜯는 엽기직 경우를 내시의 태생적 단서로 주목하는 것이다. 아무리 객관적 시각이라 해도 편견과 과장의 한계는 감안해야 한다. 하지만 가뜩이나 기록에 취약한 조선사회의 문화적 특성을 보완하는데 외국 선교사들이 남긴 당대의 문헌들은 좋은 준거가 된다.

> 궁정의 환관은 따로 한 덩어리를 이루고 있다. 그들은 특별한 시험을 치르고 그들의 학문과 재주에 따라서 그들에게 알맞은 벼슬로 다소 올라간다. 그들은 대체로 마음이 옹졸하고 성격이 사납고 급하다. 군주와 날마다 친히 접촉함을 뽐내는 그들은 비할 수 없는 건방진 태도로 모든 고관들에게 대들고 정승마저 모욕함을 두려워하지 않는다. 다른 사람이 이런 짓을 하다가는 아무도 무사할 수 없으리라. 그들은 거의 저희들끼리만 교제한다. 양반이고 서민이고 모두들 그들을 멸시하면서도 두려워하기 때문이다. 참으로 이상한 일이지만 이들 환관은 모두 결혼하였고 그들 중 대다수는 많은 계집을 가지고 있다. 이 계집들은 그들이 술책과 폭력으로 겁탈하거나 꽤 비싼 값으로 사들이는 가엾은 서

> 민의 딸들이다. 그 여자들은 양반집 부인들보다도 더 엄중히 갇혀있고 심한 질투심으로써 지켜지고 있으므로 그들의 집은 같은 여성에게, 심지어는 여자 친척에게까지도 출입이 금지되는 수가 많다. 이들 환관은 아이가 없으므로 전국에 밀사를 보내어 고자 어린이와 젊은이를 찾게 한다. 그들은 이들을 양자 들여 교육하고 궁중 요직의 후보자로 내세운다. 그러나 이들 고자를 어디서 찾아오는가? 상당수는 태어날 때부터 그렇다. 이런 사람들은 다른 종류의 고자보다 덜 존중되며 때로는 검사 후에 거절당하는 수도 있다. 다른 한편으로 사람의 손으로 절단하는 야만적 풍습은 이 나라에 존재하지 않는 것 같다. 선교사들은 그런 예를 아직 한 번도 이야기하는 것을 들어본 적이 없었다. 그러나 때때로 어린이가 개로 말미암아 불구자가 되는 수가 있다. 조선에서는 동양의 어떤 나라들에 있어서와 마찬가지로 젖먹이 즉, 서너 살까지의 어린이 곁에서는 오직 개만이 청소에 필요한 일을 맡아 오고 있어서 우리가 말하는 것과 같은 종류의 사고는 드물지 않다. 이러한 어린이들은 자라나서 그들의 불구 속에 생활수단과 방법을 찾아낸다. 또 때로는 그들이 좀 높은 자리에 오르면 자기들의 집안을 돕는 수도 있다.[56]

이 같은 관찰기록을 온전히 수용하자면 내시의 동원은 쉽지 않았다. 하지만 입궐에 일단 성공하면 직업적 안정과 개인의 성적 콤플렉스는 서로 상쇄할만한 조건을 스스로 만들었음을 알 수 있다. 다만 절단방식이 반드시 폭력적이진 않더라도 후천적·작위적으로 조선에서도 내시의 인적 조달이 가능했다는 사실만큼은 보강될 필요가 있다.[57] 적잖은 부문에서 중국과 변별력을 지니는 점도 잊지 말아야 할 역사지만, 천자의 나라에 조공 형식으로 내시와 공녀貢女마저 보냈던 사례들은 또 다른 아이러니로 남는다.

그러나 내시 역시 아전의 경우와 마찬가지로 내시의 입장에서 조준·분석하고 해석의 형평을 기할만한 역사의 전거가 없음은 치명적이다. 이를 대신하는 왕권과 지배자의 시각만이 당대의 흐름을 합리화·기정화하며 자기논리의 우월성을 일방적으로 압도하고 있음은 보조권력의 존재감은커녕, 주변의 숱한 직능단위들을 한결 초라하게 할 따름이다. 아무리 조선의 사회사와 그 민중적 기반을 강조한다한들, 군왕 먼저 '바라보고' 왕실만을 '돌아보며' 양반관료들부터 '주목하는' 역사연구의 기저基底는 좀체 전복되지 않고 있었기 때문이다.

56 달레(1975), 앞책, pp. 55–57.

57 이에 대해서는 다음 자료들 참조할 것. http://blog.naver.com/alsn76?Redirect=Log&logNo=40200907462; http://cy.cyworld.com/home/58685861/post/3703210

강한 자의 눈에 낮은 이는 비루했고 높은 이의 입지에서 약자란 당연히 초라하였다. 그러니 낮은 자가 높은 사람을 조종하거나 약한 이가 강한 자를 농단壟斷하리란 건 극히 부자연스럽고도 예측 가능하지 않았던 터다. 그럼에도 불구하고 강자의 결과론적 허약함이나 권력의 궁극적 허구란 상전들이 업신여기고 홀대하였던 아랫 것들의 반항과 도발 대가였던 셈이다. 여기서 높고 낮음은 단지 다스림을 위한 유교국가의 명분이자 메마른 핑계에 불과하였다. 강자의 거드름과 허세 없이, 아니 낮은 자의 자발적 복종과 협력 없이는 잠시도 지탱불가능한 나라가 조선이었던 이유도 여기서 다시 빛을 발한다.

일찍이 강자의 곁에 다가가 힘의 막강함을 체득하되, 거기서 배어나오는 기운을 은밀한 자기 권력으로 자원화하려는 현상은 주요 탐구대상이 아니었다. 제도 권력의 향배와 일상적 변동 그 자체에 집중하는 역사연구관행이 이 때문에 방향을 틀거나 관심의 촉수를 바꿀 리도 만무했다. 권력주변이나 배후 혹은 막후의 그늘은 궁금하였을망정, 정작 탐색의 실효를 거두진 못하였다. 현상 자체의 비밀스러움은 물론 제도 권력부문의 배척이나 경계 혹은 의식적 견제는 막상 그들의 실체를 헤아리는데 장해가 된 것도 사실이다. 역사탐구의 메이저가 될 수 없었던 지배적 이유도 연구자들의 자의적 회피나 역사 속 인물들의 무의식적 거부관행에서 찾을 일이다.

그러나 이 같은 부정적 기류가 연구 자체를 근본적으로 방해한 건 아니다. 역사 연구의 주류는 아니었으되, 내시라는 특수직종의 성격과 시대적 변화는 물론 삶의 애환을 조명하는 등 권력주변부 탐구가 수행되지 않은 건 아니기 때문이다.[58] 조선조 왕실권력과 측근정치의 역학관계를 편년 수록한 체계적 집적자료가 존재하지 않음은 아쉽지만, 1) 내시의 제

58 제도 권력의 움직임과 교체 등 상층부의 힘의 변화에 치중하는 전통사학의 연구문화를 감안하면 이 부문은 여전히 탐구의 주변부를 맴돈다. 하물며 궁궐 담장을 넘어 중인과 양인부류에 아예 낄 수조차 없는 천민들이랴. 천직의 분류나 신분상승욕구를 다룬다든지 바닥인생들의 각론에 관심을 기울인 경우는 여전히 드물다. 이에 대해서는 다음 참조할 것. 이홍두, 『조선시대 신분변동연구 : 천인의 신분상승을 중심으로』(서울 : 혜안, 2000); 김종성, 『조선 노비들 : 천하지만 특별한』(고양 : 역사의아침, 2013); 이상각, 『조선팔천朝鮮八賤 : 나도 사람이 되고 싶다』(파주 : 서해문집, 2011). 양민들에 대한 연구 역시 희소하기로는 매일반이지만 연구의 층위가 두텁지 않을 뿐 아니라 제한적임도 주목할 필요가 있다. 허경진(편역), 『평민열전 : 19세기 평민시대에 쓰여진 평민전기』(서울 : 웅진북스, 2002). 높은 이의 곁에 있어도 신분은 낮고 하는 일은 중요하건만 드러내며 밝히지 못할 직종으로 '의녀醫女'가 있다. 다음과 같은 기초자료가 있음은 다행이지만 이들에 대한 연구 역시 왜 풍요롭지 않았는지는 아직 모호하다. 한희숙, 『의녀 : 팔방미인 조선 여의사』(파주 : 문학동네, 2012).

도사[59]와 2) 조선조 이전의 직능전개[60], 3) 환관과 내시의 역할 통합[61], 4) 궁궐내의 성 정치학[62]에 걸쳐 탐구가 도모되고

59 단편적이거나 임의적 해석을 떠나 학위논문형식으로 진행된 내시연구는 중요한 준거다. 여말선초의 정치적 과도기를 지나 조선 내시의 제도화 탐구는 특히 중요하다. 이에 대해서는 주로 다음 참조할 것. 장희흥, "조선전기 환관 연구," 동국대학교대학원 사학과 석사학위논문(1994); "조선시대 환관 연구," 동국대학교대학원 사학과 박사학위논문(2004b); 『내시, 권력을 희롱하다』(서울 : 경인문화사, 2006a); 『조선시대 정치권력과 환관』(서울 : 경인문화사, 2006b).

60 조선조 이전의 내시제도는 사실상 고려 '환관제'와 '내시제'에 기초를 둔다. 그렇다고 둘을 동일시하는 건 문제다. 고려의 환관기능을 조선 내시가 흡수하는 현상은 물론 역할통합은 늘 신중하게 이해할 필요가 있다. 고려 내시제 전반에 대해서는 다음 연구들 참조. 김재명, "고려 내시제의 성립," 한국학중앙연구원(편), 「정신문화연구」 제29권2호(2006 여름호), pp. 151–173; "고려시대 내시의 정치적 성격 : 문종–인종 연간을 중심으로," 전북사학회(편), 「전북사학」 제33호(2008), pp. 69–103; "고려후기 내시제의 변화," 한국학중앙연구원(편), 「정신문화연구」 제26권4호(2003 겨울호), pp. 3–26; 장희흥, "고려후기 환관제의 정착과정과 지위변동," 한국사학회(편), 「사학연구」 제83호(2006c), pp. 39–72; 강애자, "고려시대의 내시에 대하여," 이화여자대학교대학원 사학과 석사학위논문(1965); 서인수, "고려시대의 내시 연구," 고려대학교 교육대학원 역사교육전공 석사학위논문(1982).

61 기능의 통합은 때로 역할과잉을 부추겼고 업무의 증가는 재량 확장과 권세의 크기를 자연스레 키운다. 그로써 발생하는 갈등과 부정적인 폐해도 얼마든지 감안해야 했다. 이에 대해서는 주로 다음 참조할 것. 장희흥, "연산군대 환관정책과 내시부의 위상강화," 경주사학회(편), 「경주사학」 제21호(2002), pp. 169–204; "조선시대 환관 억제책을 통해 본 위상변화," 동국사학회(편), 「동국사학」 제40호(2004a), pp. 283–308; "조선후기 실학자의 환관제도 개혁론 : 반계, 성호, 다산을 중심으로," 동국사학회(편), 「동국사학」 제41호(2005), pp. 29–53; "조선후기 역모사건과 환관의 내응," 역사실학

있음은 주목할 필요가 있다.

이들의 연구를 종합하면, 본디 내시는 고려조의 고위공직으로 귀족들의 자제나 학덕이 높은 자들로 충원되었고 일상으로 인식하는 성불구 관리官吏와는 애당초 아무 관계가 없다. 왕실의 심부름과 청소는 물론 궁녀 관리에 이르는 등 소소한 일을 담당한 이들이 바로 (성불구를 무릅써야 했던) 환관들이지만, 고려 말 이들에게도 내시의 직책을 허용하자 문란과 독선이 횡행하며 차후 이를 경계한 조선조 관료들의 과잉 억제가 장차 내시집단들과의 갈등을 양산하는 원인이 된다

회(편), 「역사와실학」 제29호(2006d), pp. 115-143; 홍순민, "조선왕조 내시부의 구성과 내시 수효의 변천," 한국역사연구회(편),「역사와 현실」 제52호(2004), pp. 219-263; 최기수, "조선전기 관료들의 환관에 대한 인식과 견제," 고려대학교 교육대학원 역사교육전공 석사학위논문(2008).

62 성적으로 문제 있는 궁궐근무남성이 최고 권력의 총애를 받거나 받을 여성들을 관리한다는 사실은 그것만으로도 관심대상이 되기 충분했다. 하지만 이는 왕을 보좌하는 여러 역할 가운데 편의 도모를 위한 직제와 업무집행 측면에서 먼저 고려할 문제일 뿐, 주관적 상상이나 근거 없는 예단으로 대신할 문제가 아니었다. 내시와 궁녀 혹은 조선조 이전의 공녀들과의 역사적 관계에 대해서는 다음 연구들 참조할 것. 박상진, 『내시와 궁녀, 비밀을 묻다』(서울 : 가람기획, 2005); 박영규, 『환관과 궁녀』(파주 : 김영사, 2004); 정구선, 『중세시대의 환관과 공녀』(서울 : 국학자료원, 2004); 조영준, "조선후기 궁방宮房의 실체," 한국학중앙연구원(편), 「정신문화연구」 제31권3호(2008 가을호), pp. 273-304; 한희숙, "조선초기의 잡색군," 숙명여자대학교(편), 「한국학연구」 제1집(1991), pp. 31-78. 내시들의 부부관계가 얼마나 힘겹고 문제가 많았는지를 다룬 전래 민담으로 공주 구리내의 경우로는 임매 외 지음·김세민 옮김, 『내시의 안해』(파주 : 보리, 2006), pp. 381-389 참조할 것.

는 점은 오랜 상식이다.

여말선초의 내시문화와 직능변화의 정치학은 곧 환관의 정치적 격상으로 구체화한다. 궁내 여성들을 성적으로 보호하고 왕의 권위를 안전하게 유지한다는 명분아래 고려조 환관을 내시부 공직자들로 일원화·제도화한 조선 집권세력들이 군왕을 등에 업고 이들과의 긴장과 갈등기류를 적절히 관리·활용하고자 애썼음은 주지하는 바와 같다. 측근정치의 주요 단위들로 '군주'와 '내시', '양반 집권세력'등 삼각구도가 형성·지탱된 것도 이 같은 내력의 결과다.

환관과 내시를 둘러싼 역사적 오해나 정치적 과장의 대부분은 시대변화를 틈탄 역할갈등과 직능중첩에서 비롯된다. 왕실의 정치 갈등이 간단치 않은 문제들을 양산하는 온상이었다 한들 분명한 것은 내시들 모두가 나빴다고 폄하할 수도, 좋았다고 상찬할 수만도 없는 역사사실들의 무게다. 여기서 그들 모두의 경우의 수를 살피기란 불가능하다. 하지만 중요한 것은 역사 속 사례들의 비교와 그 상대적 인식 틀을 마련하기 위해 이 대목에서 짚고 넘어가야 할 항목들이다. 그것은 아전과 내시의 직접비교를 넘어 각 직종 내부의 인물과 역할 혹은 위기대처능력의 상세한 사례별 비교로도 구체화할 수 있을 것이다.

내시들 모두가 선했다거나 그 반대였으리란 가설은 그 자체로 결정론적 오류를 안는다. 아전의 경우도 마찬가지일 것이다. 문제는 역사 속의 현상을 거의 완벽하게 설명할만한 보편이론의 구성이나 개념의 일반화보다 그 결정적 특성과 지배적 흐름을 담아낼 최적의 얼개를 찾는 일이다. 두드러진 비교정치연구방법 가운데 하나로 '전반적인 유사성the overall similarities'과 '결정적 차이the decisive differences'를 견주는 일처럼 말이다.[63] 내시와 아전의 역사 정치적 성격을 견주는 과정에서도 이 같은 필요를 지속적으로 의식하는 건 개별직능에 대한 미지의 사실史實들을 탐색·보강하는 일만큼이나 중요하다. 뿐만 아니라 둘의 비교 그 자체보다 각기의 역할과 성격을 정치적으로 이해하는 과정은 견줌의 탄력과 긴장을 담보하는 촉진제 역할을 한다.

아전의 정치력이 초인적 눈치와 더없이 기민한 적응력에 있다면, 내시의 그것은 어디서 돋보일까. 이제까지의 역사적 편견을 딛고 서자면 조선 내시들의 경우, 여러 면에서 성적으로 온전한 상대보다 못할 것이란 생각을 갖게하는 건 당연했다. 뿐만 아니라 이 같은 성정치적 열등감은 평범한 타자는 물론 우월적 지위에 있는 자들마저 방심하거나 홀대하기 더

63 반대 경우도 마찬가지다. '보편적 차이a universal difference'와 '치명적 유사성a crucial similarity'을 비교하거나 견줌의 미학을 통해 논의의 적합성은 물론 분석의 과학성까지 동시 담보하는 작업은 역사적 개별 사례천착보다 훨씬 중요하다. Lange, *op. cit.*, pp. 117-139.

없이 좋은 빌미로 작용하지 않았을까. 상대가 자신을 업신여기는 사이, 스스로를 한없이 낮추면서도 도리어 그들의 약점과 저들의 모자람을 간파·활용하려는 전략적 굴신성마저 능수능란하게 구사한 이들이 조선의 내시집단이었다는 해석은 또 어떨까.

본디 '낮아서 낮았음'이 아니라 세상의 편견과 비웃음으로 자신의 부족함을 감싸고 위장된 복종의 저력을 강화하는 재주는 일상의 굴종을 넘어서는 자원으로 훌륭했었던 터다. 그리하여 '높아서 높은 듯 보이는' 이들 곁에서 온갖 시중과 수모를 무릅쓴 결과란 뻔했다. 스스로를 강자의 '입안의 혀'로 바꾸고도 싫증나지 않도록, 아니 도저히 그럴 수 없는 인간노리개로 전환시키는 일이었다. 약자의 전략에 휘말리며 강하다고 믿는 이들이 감수해야 했던 '후회의 정치' 주변에서 상대적 박탈감에 괴로워해야 했던 이들은 정작 집권세력이요, 언필칭言必稱 서슬 퍼런 세도가들이었으니까.

군왕과 내시, 그리고 양반관료 사이의 긴장의 삼각구도는 제도 권력 상호간의 견제나 힘의 균형을 도모하려는 정치비판과 혹독하게 화학반응하고 있었다. 조선조 권력부문의 치열한 역학관계와 힘의 단위를 간단히 바라볼 수만 없는 까닭이다. 강자가 약자를 거느리는 방식보다 그 반대의 정치동학을 헤아리는 일이 중요한 이유도 여기 있다. 하물며 이를 교묘히 엮어 자신의 안위와 미래를 담보하려는 최고 권력의 정치공학까지라.

내시의 역사학이나 환관의 정치학이 크게는 조선조 보조권력의 서글픈 맥락을 마련하는 배경도 세월의 디테일에 아로새겨진 이 같은 사연들 때문이다. 역사의 기록은 약자를 이용·지배하려는 강자의 편견으로 가득하지만, 이를 멈추거나 뒤엎을만한 성공적 사회혁명을 통해 국가지탱의 새로운 정치동력 한번 재구再構하지 못한 민중의 한계가 돋보이는 것도 그래서다.

절박하고 민망한 삶은 하염없는 적응과 동조의 시간들을 양산한다. 하지만 국가는 반드시 강자의 사유물이 아니며 그들의 뜻대로만 운영되는 피조물도 아닌 터였다. 조선 사회가 궁극적으로는 생장의 기운으로 넘쳐난 것도 이처럼 권력의 자의성을 막아낼 도저한 힘들이 도처에 자리하고 있기 때문이다. 흐름의 근본은 뒤바꾸지 못하였으되, 오래도록 고치며 조금씩이라도 흔들 수 있는 아래로부터의 기운과 옆으로부터의 제어력이 자기정체를 도모한 것도 모두의 정치적 자존이 쌓이고 눅쳐 힘을 발휘한 까닭이다.

어느 한 쪽이 다른 한 쪽을 완전히 제압하거나 압도한 듯 보이는 건 순간의 일일 따름이다. 그처럼 보인다 하여 그것이 전부이거나 그 같은 상태가 항존·영속하리란 기대와 예측에 익숙해지는 건 삶의 오랜 착시현상 때문이다. 습관화된 잔상이나 그 관성적 반복효과라 불러 무방할 터다. 따라서 정치적

인 힘의 행사나 그에 따른 '지배-복종'의 물리적·수직적 불균형도 두고두고 지속될 것이란 생각이 드는 건 당연하다. 하지만 즉발적 굽힘이 영원한 복종은 아니며 당장의 호령이 항구적 권력의 징표가 아닌 것도 이 같은 측면에서 살필 일이다.

바닥 찧도록 머리 조아린 채 곁눈으로 세상을 향하면 가없이 너른 땅일랑 그리도 잘 보이고 저리도 키 큰 이가 아니건만 어찌하여 그처럼 높이 보이나 희한하였다. 그 이치인즉, 아전이나 내시에게도 매일반이었다. 굽히라는 명을 받아 하는 수 없이 엎드린 땅이라면 도저한 눈길이야 같을 리 없었을 터다. 복종의 미덕은 기나긴 세월 물려받은 법도요, 습관보다 더한 관행으로 몸속 깊이 배어든 운명이었다. 굳이 천직이라 이름붙이지 않아도 굽힘의 자세는 그들에게 굴욕도 수모도 아닌 일상의 생활이자 체화한 삶, 바로 그 자체였다.

작정하며 굽히고 의도하여 조아리는 머리는 무거울 리 없는 법이다. 굽신거림은 이를 바라보는 사람에게야 비천함의 표상이자 모멸적이지만 정작 당사자에겐 무감각하며 무의식적인 몸짓에 지나지 않기 때문이다. 아무런 부담도 부끄럼도 절감하지 않을 뿐 아니라 더없이 흔쾌하며 가벼운 삶의 자발적 통과의례로 지나치는 짓거리 쯤 헤아려 무방할 터다. 가없는 존경과 한없는 우러름에서 솟구치는 아연한 굽힘보다 위장된 복종이나 고의적 굴종이 한층 정치적인 이유다.

앞서 '전략적 복종'이라 표현했던 대목도 이와 겹친다. 인간의 모든 의도적 행동에 담기는 '정치성'을 의식하자면, 온갖 목적 지향적 행동과 그에 뒤따르는 이익의 예측은 때로 지독한 이기와 탐욕의 선명성을 드러내는 게 사실이다. 완전하고 안전한 미래를 그나마 당장 보장받을 수 있는 지름길은 외형적 고분고분함의 과장, 아니면 좀체 배신하지 않으리란 믿음의 물리적 담보밖에 더는 없다. 신분사회의 불편함을 크게 느끼는 위인들일수록 지배와 복종의 메커니즘이 일깨우는 혹독한 적응과 굴신의 대가를 애써 예측할 수 있기 때문이다. 복종이 지배의 전제조건이자 따름이 부림의 시그널이라고 손쉽게 단정하긴 어렵지만 분명한 건 '굽히는 만큼 보인'다는 역사의 관행이다. 굽히면 못 볼 것이라는 인식은 도리어 힘있는 자들의 전유물이다.

복종의 기운이 지배자의 권력을 넘볼만한 심리적 '빈터'를 마련할 가능성은 강자를 안심시킬 물리적 관행에서 비롯되고 있었다. 그렇다고 가식적 복종과 진정어린 뒤따름의 속내를 가르는 회색灰色의 경계가 누구나 알아차릴 만큼 넓고 두터운 건 아니었다. 그것은 어쩌면 숱한 아전들이나 내시 자신들조차 감지하지 못할 정도로 불분명했을는지 모른다. 가식의 생활화는 물론 체질화된 위선이 자신의 삶을 결정할 궁극의 힘의 원천으로 상전의 존재와 일상의 동선을 부각시킬 때 '군수'나 '군왕'은 어느덧 자신과 일체화하지 않으면 안 될 인물이 되어가고 있었기 때문이다. 과장과 위장의 나날들이 체질로 굳어갈 때 진심과 사심의 경계도 묽어져 가고 있었다.

지독한 신분사회의 얼개를 흐트러짐 없이 이어가야 했던 조선에서 노동의 분화와 역할의 안배 역시 물리적으로 배제·생략할 순 없는 노릇이었다. 권력의 존재이유와 집행을 설명하기 위해 사용자의 명분은 물론 이익의 실제가 필요했듯, 내시의 정치적 움직임과 행정적 처신에도 둘은 어김없었다. 내시 자신의 정치적 속내를 은폐하기 더없이 좋은 핑계로 왕명의 출납과 측근의 시중수행은 확고부동한 명분이었다. 하고 싶다 한들 아무나 할 수 없는 그 자체로 권력이자 누구든 소화할 수 없는 전문역할로 특화하고 있었다. 게다가 군왕과 관료 사이의 갈등을 역이용하거나 조율함으로써 지배세력 내부의 힘의 균형추 노릇마저 무릅썼다면 내시의 자기정치와 그에 따른 권세의 분화는 얼마든지 가능했던 셈이다.

군왕과 양반관료 사이에서 힘의 조정을 꾀하는 내시의 삼각정치가 역사의 기록을 허여할 만큼 도드라진 건 아니다. 권력동원과 지탱의 역학관계도 가시적이지 않았다. 은밀함과 은근함을 골자로 삼는 측근정치는 명확한 근거를 뽐낼 까닭이 없었다. 이는 양반 집권세력의 필요에 따라 추동되기보다 왕실이 임의 조율하는 경우가 압도적이었다. 군주의 안정적인 권력비축은 물론 항구적 비판상대를 견제하기 위한 안전판으로 내시를 활용하려 했기 때문이다.

구분(정치자원)	군왕	내시(환관)	양반관료
명분	신의信義 정치와 위민爲民 통치를 위한 집권효율 증대	왕명의 적합한 출납과 공정한 관리	권력의 견제와 비판을 통한 정치적 긴장 구도 강화
실리	신료臣僚의 억압 / 권력의 안정추구와 정보독점	힘의 균형을 통한 자기권력 비축	문벌과 가문의 가치 확장 / 정치적 자기이익 축적

〈조선조 측근정치의 명분과 실리〉

측근정치를 둘러싼 힘의 삼각관계를 체계화시킨 것이 위의 표다. 여기서 이를 반증할 역사의 전수를 헤아리기란 역부족이다. 하지만 이를 통해 추론할 수 있는 사실은 외형적 약자의 실질적 강인함과 정치적 강자가 지니는 의외의 취약함이다. 이는 상식으로 알고 있는 조선조 권력구조의 정치적 견제와 행정균형과는 또 다른 힘의 형평도모로 바라볼 일이다. 특히 왕실의 우선적 보호를 위해 내시들의 정보 선점은 중요했다. 이 같은 사실이 양반들의 역공과 비판도구로 악용되지 않도록 애썼다는 점에서 측근정치는 왕조 말기까지 지속된 공공연한 체제 내 갈등확장의 한 변인을 이룬다.

갈등의 확산이 양반 집권세력을 압박하거나 긴장시키는 건 불 보듯 당연했다. 그에 따라 내시들의 정치적 신장을 억제하고 왕실과의 밀착을 방어·배제할 방법을 궁리하는 일도 그들에겐 이상하지 않았다. 무엇보다 내시들의 정치적 오판이나 자의성이 양반의 운신 폭을 제한하지 않도록 애쓰되, 급격한 정치변동과정에 개입하지 못하도록 적극 배제·견제하는 게 급선무였다. 군왕으로서는 최대한 활용하고 관료들로선 견제해야 할 주요 정치자원으로 스스로 권력화할 줄 아는 내시는 따라서 약하지만 강하고 부족하지만 의외의 풍요로움으로 자신을 감쌀 수 있었다.

서러워도 초연하게 처연한 면모를 숨겨야 했던 내시는 자신을 홀대하는 상대의 빈틈을 읽으며 상전의 거드름을 제압할 여유마저 키울 수 있어야 했다. 자신의 도움을 필요로 하지만 결국에는 경계·무시하는 정치적 주변과의 불편한 관계는 왕조 말기까지 지속된다. 억압과 배제의 역사도 길기만 하다. 그 뿌리는 고려 말 신흥사대부들의 정치적 견제책으로 6품 이상의 벼슬을 주지 말고 녹봉을 줄일 것이며 조관朝官의 겸직을 금하도록 제안한 것이었지만 이 같은 주장이 어느 정도 채택된 것은 조선의 태종조에 이르러서였다.

그러나 일반 관료와의 구분은 여전히 어려웠고 조관과 환관의 구별이 윤곽을 드러내는 건 성종조에 접어들면서 부터였다. 환관의 존재 자체를 원칙적으로 반대하거나 심지어 결혼마저 반대하는 등 강력한 억제책으로 분별의식을 강화하는 건 중종조에 들어와서다. 이는 물론 연산의 축출이후 반정 분위기를 굳히고 피폐해진 기강을 바로잡으려는 개혁의 결과였다.[64] 결국 정치에 개입할 여지는 늘 열려 있지만 공개적 간여와 연루는 엄금하고 단지 군왕의 사적 재정담당자로만 역할의 대강을 제한하며 나아가 내시와의 통교通交자체를 억압하려는 시도가 실효를 거두는 것도 중종조 이후였다.[65]

그러나 집권세력의 이 같은 조치에 고분고분하기만 할 내시들은 물론 아니었다. 정국의 주도권을 장악할 저력은 없지만 이를 방불케 할 정치변동의 모멘텀으로 힘의 새로운 균형추를 만들거나 그 계기를 도모하는 주역들로 만만찮은 역할을 수행했기 때문이다. 심지어 왕의 독살을 기획하거나 저주와 시해마저 무릅쓰는 역모에 깊이 간여하는 경우까지 감안하면 내시는 항구적 주변이 아니라 때로 중심이었음을 잘 알 수 있다.

장희흥은 이렇게 말한다.

> 환관들이 역모나 모반 사건에 동참한 시기는 결국 정치변동기다. 왕위 계승의 정통성이 문제가 되는 광해군과

64 조선 내시들 모두가 품성이 '좋지 않았다'는 주장이 의심스럽듯, 그 반대 경우 또한 '적절하지 않음'은 앞서 지적해둔 바 있다. 이를테면 같은 군왕 집권기에도 처신과 언행에서 극히 대조적인 인물들이 엄연했음은 이를 잘 말해준다. 연산조의 부정적 사례로 자주 인용하는 내시 김자원과 그 대척점에 자리하는 김처선·김순손 등이 대표적이다.

65 장희흥(2004a), 앞글, p. 306.

인조, 남인과 서인이 경쟁하는 숙종대, 노론이 주도하면서 소론이 대항하는 경종과 영조의 교체시기, 노론이 정국을 장악한 정조 즉위 전후에 특히 모반 사건이 많은 것은 당연한 것이다. 환관들이 정치변동과정에 참여한다는 것은 그만큼 이들의 역할이 중요시되고 있음을 말해주는 것이다. 왕의 가장 측근에 있으면서 왕의 동정을 살필 수 있다는 것은 분명 정치변동에 있어서 중요한 요소가 된다. 환관 스스로 정치를 좌지우지할 수는 없지만 권력을 장악하고자 하는 세력으로서 왕의 동정을 살피기 위해서는 이들이 필요한 것이다. 이 과정에서 왕을 제거하기 위한 방법으로 살해를 택하거나 음식물에 독약을 넣어야 할 경우 등을 위해서 꼭 필요한 사람들이 가장 측근에 있는 인물인 환관과 궁녀들이다. 결국 궁궐이란 폐쇄적인 공간 안에 살고 있는 왕에게 가장 접근하기 쉬운 인물인 것이다. 이들의 역할은 시대와 상황에 따라서 조금씩 달리한다.[66] …· 아무리 신하

66 역사 속에서 내시들이 실제로 어떻게 행동했는지 추적하면 이는 분명히 드러난다. 광해군과 인조대의 역모사건에서 환관들은 궁녀와 함께 매개역할을 수행한다. 광해조의 민희건이나 인조조의 배희도는 양반들의 사주를 받아 궁에서 궁녀와 더불어 왕의 처단역할을 맡는다. 민희건은 저주 사건을, 배희도는 시해자의 임무를 받는다. 숙종조의 강우주 역시 돈을 받고 왕의 시해를 꾀한다. 이는 결국 왕의 측근들이기 때문에 가능했다. 경종조에 이르면 환관들은 역모의 주역으로 발전한다. 박상검이나 장세상의 경우가 그것이다. 이들 사건 대부분은 모의과정에서 발각되거나 국문과정에서 진상

들의 입지가 강하다고 할지라도 권력의 원천은 왕에게서 나온다. 신하들은 자신들의 의리와 명분을 앞세워 왕을 자신의 편으로 만들거나 무력화시키고자 하였다. 그러나 왕은 정국 운영을 신하들이 주장하는 의리나 명분보다는 자기 자신 주도로 운영하고자 하였다. 이 때문에 상호 대립할 수밖에 없었다. 신하들이 힘이 강해질수록 왕은 자신이 가지고 있는 명분을 통하여 자신의 힘을 강화하려고 하거나 신하들을 상호 견제하려는 정책을 취하였다. 왕은 정국의 주도권을 끝까지 놓칠 수 없는 것이다. 한편 신하들은 한정된 관직과 권력을 다른 사람과 공유할 수는 없었다. 자신의 권력을 포기하지 않는 이상 도성 밖으로 나가 생활하지 않고 권력의 향방에 귀 기울일 수밖에 없었다. 이를 위해서는 결국 신분을 넘어 최고 권력자인 왕의 동정을 살필 수 있는 궁궐 사람들과 친밀하게 지낼 수밖에 없었다. 이것은 조선 후기의 환관 인식과는 전혀 다른 입장이었다. 조사朝士가 환관의 이름을 모르는 것은 당연하다고 판단하면서도 자신들의 정치적 이해관계를 위해서는 환관들이나 궁녀들과 친밀하게 지낼 수밖에 없었다. 또한 반대로 환관들 역시 단독

자체가 애매해진다. 결국 역모 그 자체보다 그들의 정치적 의도가 세상의 주목을 받는다. 그들 대부분이 특정 정파의 하수로 권력 확장의 도구였던 까닭이다. 장희흥(2006d), 앞글, p. 139.

> 으로 정치적 입지를 가질 수 없었지만 자신들의 이해를 위해서는 권력자들과 서로 친교를 맺을 필요가 있었던 것이다. 환관의 정치개입은 당연히 억제되어야 하지만 그 업무의 특성상 왕의 가장 측근에서 생활하기 때문에 정치적 사건과 불가분의 관계였다.[67]

내시라 하여 늘 군왕의 편만 들었음도 아니요, 양반 관료라고 허구한 날 환관들과 갈등만 일삼은 게 아님은 역사가 일깨워주는 측근정치의 특징이다. 중요한 것은 정치적 삼각관계 속에서 스스로 도모할 최대한의 자기세력 신장이었다. '만들고' '이어가며' '키워가려는' 것이 어느 때고 사람이 추구하는 권력 본연의 속성이지만 조선이 곧 정체와 보수의 낡은 체제만이 아니었음은 이것만으로도 명료해진다. 그들 모두는 제각각 추구하는 목표가 지엄했고 자기생존을 위해 절박한 정치적 인간들이었기 때문이다.

반정으로 엎어진 옛 체제를 복원·부활하려는 세력과 힘을 합치거나 현존 군왕과 그 주변을 저주, 실권을 장악하려는 정치적 기획을 실천에 옮기는가 하면 왕을 아예 물리적으로 제거하고자 시해 현장으로 분연히 덤벼드는 역사 속 내시들

67 윗글, pp. 138–140, *passim*.

이라면 이미 허용 가능한 상상을 크게 거스르는 셈이다. 아무리 유교국가 조선의 사회적 역동성을 감안하더라도 군왕의 측근보좌와 시중들기라는 내시의 본분이 역모와 반역까지 무릅쓰는 일은 상식의 한계를 여지없이 깬다.[68] 기왕지사 벗어나는 김에 민초들 대부분의 주도적 단합에 의한 근대적 세상 뒤엎음이라면 더할 나위 없었겠지만 말이다.

내시를 부르는 역사의 호칭이 그다지도 복잡한 것이 곧 그들의 성적 열등감이나 울분을 감안한 온정적 판단결과였는지, 아니면 의도적 환멸과 거부감의 발로인지는 불분명하다. 때로 중국의 경우를 원용하거나 신체특징을 부각하려는 즉발적 표현을 불사하기도 하지만 좀체 가치중립적 표기가 쉽지 않았던 건 그들을 향한 역사적 편견과 왜곡된 관심 때문이었으리라. 조선의 경우, 내시의 직능을 지칭하는 공식 어휘는 열 개가 넘는다.

최기수는 이렇게 압축한다.

> 환관은 보통 거세된 남성으로 궁궐 내에서 국왕을 비롯한 왕실 가족들의 시중을 드는 역할을 담당했던 관원을 말

68 역모는 조선 법규범이 용서하지 못할 사실상의 최대·최다 범죄였다. 문제는 이 같은 표피적 현상이 아니라 왜 그리도 많은 저항과 도발이 권력부문 안에서 쉼 없이 이어졌는지다. 이에 대해서는 다음 참조할 것. 박종성(2007). 앞책, p. 165.

> 한다. 다른 말로는 '내시內侍', '중관中官', '중시中侍', '중사中使', '환자宦者', '엄인閹人', '엄수閹竪', '엄환閹宦', '화자火者', '혼수閽竪', '내환內宦', '황문黃門', '총환寵宦', '내관內官' 등으로 다양하게 쓰인다. 이들은 국왕과 가까이 하면서 다양한 궁정업무를 담당했는데 비록 정규 관원이 하는 일보다는 덜 중요했지만 국왕이라는 절대 권력자의 비호 속에서 권력을 농단하는 세력으로 성장할 가능성이 있었다. 단적인 예로 진秦, 한漢, 당唐, 명明 나라 때 환관에 의한 폐단이 존재했고 우리나라에도 고려 말에 환관에 의한 폐단이 여러 사서와 연구를 통해서 확인된다.[69]

이 같은 여러 용어는 사관들이 반복 사용하면서 왕조 전체를 통해 익숙해진다. 용례에 따라 이들은 다시 크게 세 유형으로 나뉜다. 1) 중앙이라는 직능 공간(중시·중사·중관)과 2) '고환 없는 남자'라고 특정(엄인·엄수·엄환·화자)한 경우, 그리고 가능한 한 이들 모두를 3) 제도화·기정화(내관·환관)하려는 공식화 시도 등이 그것이다. 왕실을 권력중추나 국가중앙으로 인식하는 건 당연했고 그 안에서 혹은 바로 곁에서 시중드는 사신처럼 부르려는 관행도 자리 잡는다.

69 최기수, 앞글, p. 1.

아전처럼 중앙이나 지방 관아건물 앞에 '서서' 직무의 대강을 예비한다는 뜻을 암시하는 경우와 처음부터 '안에서' 권력의 온갖 비위와 의도를 알아차리며 전천후 서비스를 작정하는 내시의 관행은 좋은 대조를 이룬다. '굽힘'의 형식은 같았지만 움직이는 '공간'은 달랐고 바라보는 '상대'는 하나같이 높았어도 수행遂行 내역과 결과는 같지 않은 둘이 조선조 정치적 복종의 변별력을 도드라지게 키우는 까닭이다.

내시의 별(異)칭		
직능공간	신체특정	공식제도
내시內侍 중관中官 중시中侍 중사中使 내환內宦	엄인閹人 엄수閹竪 엄환閹宦 화자火者 혼수閽竪	환자宦者 황문黃門 총환寵宦 내관內官

사관들은 내시의 명칭을 어떻게 응용하고 있을까. 다음 표는 이를 헤아리는 준거가 된다. 이는 실록에서 언급하는 내시라는 용어와 그 별칭들을 군주집권기별로 별도 집계한 결과다. 표를 통해 드러나는 흥미로운 사실은 내시라는 용어가 실제로는 가장 많이 사용되지 않고 있다는 점이다. 국역본이든 원본이든 내시의 별칭 가운데 사관들이 가장 자주 언급한 용어는 내관이었다. 다음으로는 환관 → 내시 → 중관 → 중

사 → 환자 순이다.

그러잖아도 벼슬아치들이 숨 막히게 압도하는 나라에서 내시들마저 어떻게든 자리를 공식화·제도화하고 체제 내 인사로 기정화시키려는 의도가 여기서마저 노골화하는 셈이다. 그것이 정녕 그들을 위한 인간적 배려나 정책적 자선의 결과인지는 전혀 별개 문제였지만 말이다. 실록에서 내관과 환관이란 어휘의 사용이 내시라는 특정 용어를 크게 넘어서는 이유가 관료주의 이데올로기에 익숙할 대로 익숙해진 행정문화의 결과였는지 따지려면 한층 면밀한 검토가 필요할 터다. 하지만 이를 의아히 여기는 만큼 중요한 것은 내시를 향한 집권세력 보편의 인식과 이를 일정한 방향으로 담보하는 편견의 부피 혹은 부정적 표현 빈도다.

그렇다면 위의 표에 압축 정리한 내시와 별칭용어들은 실록에서 얼마나 자주 그리고 오래도록 반복 인용되고 있을까. 실록에서의 사용 빈도와 그 윤곽을 잡기 위해 국역본과 원본의 언급횟수를 종합해 보면 집적통계는 만만치 않다. 언급 횟수로 내시(는 물론 별칭용어)의 군주집권기별 평균값을 구하자면 그 부피는 〔13,679/27≒506.6296건〕으로 나뉜다. 의미의 온전한 추출을 위해 실록 원본만 대상으로 삼더라도 그 값은 〔7,549/27≒279.5926건〕에 이른다. 아전의 언급횟수보다 훨씬 큰 부피다.

이는 물론 용어 그 자체보다 의미에 치중한 통계산정이기 때문에 굳이 그 차이를 가리려면 사관들 개개인의 주관적 취향이나 인문학적 선호까지 엄정히 고려해야 할 것이다. 하지만 용례의 차이와 상황을 일일이 감안하더라도 직능 자체를 내시로 특정한다면 의미의 혼돈은 염려할 필요가 없다. 실록 기사의 방대함과 그 미시적 의미 지평도 중요한 변수지만 평균값을 웃도는 상위 언급시기에 대한 군주별 편차 역시 진지하게 견주어 보아야 할 것이다. 평균값 이상의 내시 언급횟수를 기록한 군주만 하더라도 왕조 전체를 통 털어 3분의 1이 넘는다. 이를 순위별로 보면, 세종 1,046 → 연산 756 → 성종 650 → 중종 579 → 영조 496 → 태종 470 → 세조 363 → 명종 360 → 숙종 313 → 인조 284건으로 나타난다.

재위기간과 리더십 성격 등을 종합적으로 고려해야만 이 순위에 깃든 정치적 의미와 숨은 뜻도 알 일이다. 하지만 왕조 전 기간에 걸쳐 이들이 차지하는 언급의 비중은 단지 양적으로만 중요하지 않다. 연산조만 제외하고 보면 이들은 전대前代의 모순과 갈등을 일거에 제거하거나 집권 당대에 가시적 성과를 얻기 위해 적극 노력한 군주들로 집권기간에서나 권력행사에서 상대적 안정성을 지녔던 인물이다. 표 다음 그래프에서 각기 변곡의 고점을 치는 군왕 통치기를 염두에 두자면 이를 이해하는 데 도움이 될 터다.

그래프의 변동과정에서 굴곡의 전반적 약세와 언급부피의 퇴조는 유념할 필요가 있다. 앞서 지적한대로 이는 집권세력의 끊임없는 견제와 억제 혹은 더 나아가 배제의 정치적 노력이 실효를 거둔 결과다. 중종조 이후의 두드러진 약세와 감축현상은 간단치 않은 변수들과 이루 헤아리기 힘겨운 경우의 수들을 조합해 보아야만 그 실체를 파악할 것이다. 하지만 전대의 적폐와 모순은 대부분 측근정치타파의 핑계가 되었고 내시들의 운신을 제한하며 역할 축소를 부추긴 가시적 압박 수단이었다. 그런다고 전면 폐기와 소멸을 기대할 내시직능은 아니지만, 그에 따른 암묵적 반작용과 정치적 역기능 또한 감안해야 했던 것이다.

반정과 사화, 역모와 정변 등 비일상적 권력교체와 그에 따른 정치적 위기의 반복과정에서 내시들은 곧 상황의 악화를 도모하는 부정적 인자로 간주된다. 어느 정도 역할이 분명하다면 그 비중을 결정적이라고 폄훼하는 등 책임의 대부분을 뒤집어써야 하는 운명의 기이함도 군왕의 측근이기에 가능했다. 그로써 치러야 할 대가도 혹독했다. 세습군주체제에서, 특히 세습에 의하지 않은 급격한 정치변동과정에서 내시는 단숨에 익명의 경고와 경계대상으로 전락해버리는 고단한 존재였다.

아전들이 그랬듯, 내시의 처지를 내시의 손과 입을 통해 듣기란 어려웠다. 문자향文字香까진 그만두더라도 자신들의 특이한 역할과 극도의 보안을 요하는 임무는 물론 그를 둘러싼 개인적 소회까지 글로 남겨 후대의 이해를 꾀한다는 건

구분	內侍		中官		中侍		中使		宦者		閹人		閹竪	
	국역	원문	국역	원문	국역	원문	국역	원문	국역	원문	국역	원문	국역	원문
태조	19	15	3	3	1	1	2	3	24	19	3	4	1	1
정종	6	5	3	3	1				6	4		1		
태종	104	100	80	80		5	14	17	59	60		1		
세종	214	276	29	37	1	14	16	21	96	136		1		
문종	20	10	5	7		1	2	2	47	50				
단종	54	46	4	4			2	2	5	7	1	1	1	1
세조	88	89	5	5			10	11	12	11				1
예종	16	22	2	3			7	8	5	7				
성종	120	86	77	77		1	17	17	33	38	1			3
연산군	54	59	15	16			8	8	10	21	1	2		5
중종	58	40	20	22	3	3	55	67	23	33	1	1		5
인종	8	12							1	1				
명종	42	52	12	14		1	30	37	3	19				9
선조	26	43	18	17	1	1	27	33	3	4				
선조수정	1	3	2	2	1		5	6		1				
광해군중초본	5	12	6	7		1	63	80	1	2	1	1		
광해군정초본	4	11	6	7		1	52	69		2	1	1		
인조	9	18	31	37	1	1	62	67	4	17				1
효종	7	17	9	9			9	10	1	1				
현종	8	24	15	18		1	23	37		4				1
현종개수	11	24	21	23	1	1	28	34		4			1	3
숙종	65	50	34	36		6	48	50	8	17		1	6	7
숙종보궐정오	3	2								1				
경종	11	7	4	3			2	2	1	5			1	4
경종수정	7	5	3	3			1	1	3	5			1	3
영조	137	132	195	205	1		25	25	4	14	1	1	7	21
정조	44	60	56	75		1	19	32	2	10		1		3
순조	26	27	15	16			3	3		2		1		
헌종	3	2	5	5			2	2						
철종	5	4					1	1						
고종	46	34	25	33	3	3	13	22		1				
순종														
순종부록	1	2	1	1										
계	1,222	1,289	701	768	14	42	546	667	351	496	10	17	18	68
총계	2,511		1,469		56		1,213		847		27		86	

구분	閹宦		火者		宦官		內宦		黃門		寵宦		內官		계	
	국역	원문	국역	원문	국역	원문	국역	원문	국역	원문	국역	원문	국역	원문	국역	원문
태조			7	8	22	13							11	9	93	76
정종			1	1	6	8							6	9	29	31
태종			22	25	77	67		3				1	114	111	470	470
세종			42	61	83	211	1	3	1	1			148	285	631	1,046
문종			3	4	38	33		1					5	4	120	112
단종			4	4	92	91			6	6			5	4	183	166
세조			11	14	209	205		1					27	26	362	363
예종			2	3	85	95			1	1			4	4	122	143
성종		2	10	16	177	136	3	3	3	2		5	265	264	706	650
연산군		4	2	5	56	93		2	2	5		5	287	531	435	756
중종	1	2	11	29	130	103			7	3		1	225	270	534	579
인종					2	1							13	15	24	29
명종		3		1	29	62		4	5	6		1	87	151	208	360
선조			1	1	16	16	1	3	6	3		1	90	105	189	227
선조수정					6	6							3	4	18	22
광해군중초본		1		4	6	20		1	1		1	3	55	123	139	255
광해군정초본		1		4	5	17		1	1			1	46	106	115	221
인조		1		1	8	30	4	5	1		1	2	56	105	177	284
효종					7	15							12	17	45	69
현종				4	4	6				1			34	56	84	152
현종개수				2	3	19				1			33	67	98	178
숙종		1		9	66	33		1	4	4			98	98	329	313
숙종보궐정오					7	4			1	1		1	1	1	12	10
경종		1			21	8			2	2			22	22	64	54
경종수정					20	16	1		1	1			9	10	46	44
영조	1	5		9	111	25			5	6			50	53	537	496
정조				4	20	13			3	4			9	14	153	217
순조				3	16	12			4	5			8	6	72	75
헌종					3	2									13	11
철종					1	1									7	6
고종		1		3	5	7				1			5	9	97	113
순종													12	12	12	12
순종부록													4	6	6	9
계	2	22	116	215	1,331	1,368	10	28	54	53	2	21	1,744	2,497	6,130	7,549
총계	24		331		2,699		38		107		23		4,241		13,679	

〈내시와 별칭의 역대 군주별 실록언급횟수〉

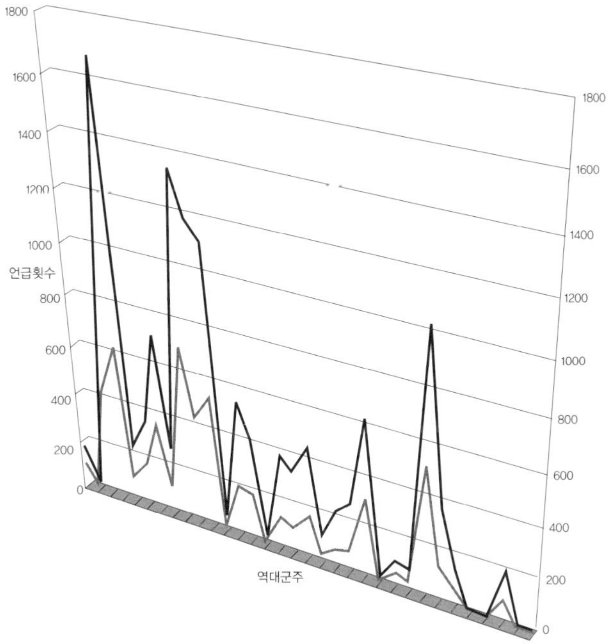

〈내시와 별칭의 역대군주별 실록언급추이 : 국역과 원문〉

적어도 그들이 치러야 할 최후의 과업은 아니었던 셈이다. 쓸 수 있는 데 쓰지 않았던 것인지, 아니면 굳이 쓰고 싶지 않았던 것인지 가리는 일도 쉽지는 않다. 엄정히 따지자면, 아는 게 너무 많고 알리면 다칠 사람 적잖아 그저 머리에 넣고 가슴에 묻은 채 무덤까지 갖고 간 경우의 수가 더 많았을 것이란 표현이 차라리 옳을 것이다.

역사의 기록을 한편으로만 보고 온전히 그를 믿기란 수

월치 않다. 행위의 전말은 물론 이를 평가하는 기록자의 시각마저 고르게 받아들인다는 것도 간단치 않기 때문이다. 내시의 행각과 이를 둘러싼 대부분의 평판이 경계와 거부 아니면, 아예 거기서 더 나아간 혐오마저 무릅썼던 건 곧 지독한 편견의 결과다. 그나마 이들을 기억하고 기록하는 정사正史의 유일한 근거가 단지 실록이었음이랴. 그렇다면 도무지 사관들은 내시들을 어떻게 적고 있을까.

이들에 대한 못마땅함은 왕조 초기부터 어김없다. 역할은 엄연할망정, 내시나 환관은 좀체 곁에 두어야 할 인물이 아니었다. 조선조 전체를 통해 지속된 경계의 출발점으로 태조조의 각성과 군왕을 향한 강력한 권유가 바로 그 예다. 이 문제를 적시하는 사헌부의 상소는 아예 태조 즉위년부터 발동된다.

> 사헌부에서 또 상소하였다. "…. 여덟째는 환관을 물리치는 일입니다. 환관이 걱정이 되는 일은 오래 되었습니다. 진나라의 조고와 한나라의 홍공·석현과 당나라의 이보국·구사량은 더욱 그 중에서 심한 자들입니다. 더구나, 고려 왕조 말기에는 환자가 권세를 부린 사람이 한둘이 아니었습니다. 대개 그 사람된 품은 의식이 영리하고 언어를 잘하며 안색을 잘 살피고 뜻을 잘 맞추게 되니 이로써 인주가 왕왕히 그 꾀 속에 빠져서 이를 깨닫지 못하고 권병을 옮겨

서 화란을 발생하게 한 것이 대대로 그 자취가 잇달아 있었으니 진실로 탄식할 만한 일입니다. 원하옵건대, 지금부터는 그 중에 순후하고 신중한 사람을 뽑아서 옛날 제도의 수문과 소제하는 역사를 회복시키고 일은 맡기지 않으며 그 노련한 간물과 매우 교활한 사람과 탐욕이 많고 부끄럼이 없는 사람은 모두 놓아 보내어 전리로 돌아가게 하여 새로운 교화에 누가 되지 못하게 하소서. 아홉째는 승니를 도태시키는 일입니다. 불법이란 것은 오랑캐의 한 가지 법입니다. 한나라 영평 때부터 처음으로 중국에 들어왔는데 동방으로 전해 와서는 숭봉함이 더욱 심해져서 …… 중외에 널리 가득히 차 있었습니다. 또 그 법이 본디 마음을 깨끗이 하고 욕심을 적게 하는 것으로써 종지로 삼았으니 그 무리들은 바위 구멍 속으로 멀리 도망해 숨어 푸성귀만 먹고 물만 마시면서 정신을 수련하면 될 것인데 지금은 평민들과 섞여 살면서 혹은 고상한 말과 미묘한 이치로써 사류들을 현혹하기도 하고 혹은 사생죄보로써 어리석은 백성을 공갈하기도 하면서 마침내 시속 사람들로 하여금 유탕하여 본업에 돌아갈 것을 잊게 하였으며 심한 자는 살찐 말을 타고 가벼운 옷을 입으며 재물을 늘리고 여색을 탐하여 이르지 않는 일이 없으니 나라를 좀먹고 백성을 병들게 함이 이보다 심한 것이 없습니다. 원하옵건대 그 무리들을 모아 학문과 덕행을 자세히 상고하여 그 학문이 정밀하고 덕행이 닦

아진 사람은 그 뜻을 이루게 하고 나머지는 모두 머리를 기르게 하여 각기 그 업에 종사하게 하소서. …. " 임금이 말하였다. "환관과 승니를 물리치고 도태시키는 일은 건국의 초기에 갑자기 시행할 수 없지마는 나머지는 모두 시행하겠다."[70]

달라진 세상의 정당성을 굳히려면 민중을 긴장시키는 일은 당연했다. 사회질서를 강고히 다지기 위해서라도 당대의 상소는 한번으로 끝날 리 만무였다. 그때마다 환관의 억제와 불교의 배척은 대표 항목들이었고 심지어 여자의 외출제한을 건의하기도 한다. 대사헌 남재의 상서문이 서슬 푸른 까닭도 이 때문이다.

상언하였다. "1. …. 원컨대 지금부터 문무 양반의 부녀자들은 부모·친형제·친자매·친백부·친숙부·친외숙·친이모를 제외하고는 서로 왕래하지 못하게 하여 풍속을 바로잡으소서. 1. …. 삼가 생각하옵건대 전하께서는 불교의 청정과욕을 흠모하려 한다면 선왕의 공묵무위 사상을 본받을 것이고 불교의 자비불살을 본받으려 한다면 선왕의

70 태조 1(1392)년·壬申年 7月 20(己亥)日, 『조선왕조실록』【태백산사고본】1책 1권 40장 A면·【국편영인본】1책 20면.

능히 관인하고 능히 호생하는 덕을 생각할 것이고 불교의 인과응보의 설을 두려워한다면 선한 자를 상주고 악한 자를 처벌하고 죄 가운데 의심나는 것은 경하게 처벌하고 공 가운데 의심나는 것은 중히게 상주는 것으로 규범을 삼을 것입니다. 이같이 한다면 다만 백성들만 그 은택을 입을 뿐만 아니라 천지 귀신도 또한 몰래 돕게 될 것입니다. …. 1. 중관과 엄수는 궁문을 지키고 소제하는 것이 곧 그 직책입니다. 진나라·한나라 이래로 환관의 환난은 전적에 기재되어 있으므로 환하게 볼 수가 있는데 혹은 구변이 좋고 아첨을 잘함으로써 군주를 미혹하게 하기도 하고 혹은 군주의 총명을 가리움으로써 나라를 그릇되게 하기도 하였으니 화란의 일어남은 진실로 이루 다 기록할 수가 없습니다. 전하께서는 하늘이 주신 용맹스럽고 지혜로운 성품과 난리를 평정하고 반정하는 재주로써 경사를 널리 보셨으니 환관을 제어하는 데 반드시 그 방법을 알고 계실 것입니다. 그러나 처음에 법을 만들지 않으면 뒷날의 폐단이 뜻하지 않는 기회에 발생할 것입니다. 원컨대 전하께서 그들 가운데 근실하고 조심성 있고 유약한 사람을 뽑아서 2번으로 나누어 매 1번마다 각각 15인씩으로 그 액수를 정하여 궁문을 지키고 소제하는 역사를 맡기고 그 나머지 경험이 많고 간사한 사람은 일체 모두 내치시어 근시近侍하지 못하게 하소서. …. "[71]

내시들의 권력 접근을 둘러싼 경각심이 급기야 사관들의 경연 입시入侍를 통해서까지 고취되는 까닭은 뭘까. 이를 군이 맹목적 거부나 고의적 폄하로 볼 이유는 약하지만 왕조 건립초기의 정치적 자기검열문화를 감안하자면 무리가 아니었을 것이다. 특히 내일의 모순과 폐단을 경계하기 위해 과거를 인용하거나 이를 딛고 서려는 흐름이 마련된 것도 당대의 군왕들이 묵인한 현상이었을 터다. 불교는 차치하고라도 내시의 문제점 역시 모를 리 없는 군주들이지만 집권세력의 자경自警의식과 거듭되는 긴장의 동원은 정종조에도 두드러진다.

특이한 점은 조선 초의 군왕 즉위 때마다 내시를 향한 극도의 거부감이 되풀이된다는 점이다. 하물며 태조가 서거한 직후랴. 연이어 인용하는 실록의 다음 세 기사는 이 문제를 부각시켜 근신과 경계를 일삼으려는 당대의 정치 상황을 잘 말해준다.

> 사관이 비로소 경연에 입시하였다. 처음에 임금이 사관을 가까이 하지 아니하니 문하부에서 상소하여 두 번 청하였는데 소는 대략 이러하였다. "사관의 직책은 인주의 언

71 태조 1(1392)년·壬申年 9월 21(己亥)日, 『조선왕조실록』【태백산사고본】1책 2권 3장 A면·【국편영인본】1책 30면.

동과 정사의 득실을 직서하여 숨기지 않고 후세에 전하니 관성에 대비하고 권계를 남기자는 것입니다. 고려 말년에 임금이 황음무도하여 부녀자와 내시를 가까이 하고 충성스럽고 어진 신하를 멀리 하였으며 사관이 직서하는 것을 꺼리어 근시하지 못하게 하였으니 너무나 무도한 일이었습니다. 마땅히 고려의 실정을 거울삼고 관직을 설치한 의의를 생각하여 특히 사관으로 하여금 날마다 좌우에 입시하여 언어동작을 기록하고 그때그때의 정사를 적게 하여 만세의 큰 규범을 삼도록 하소서."[72]

사헌부에서 상소하였으니 소는 이러하였다. " …· 즉위하던 처음에 먼저 환관의 폐단을 고쳐 모두 먼 지방에 추방하고 서울 가운데 남은 자는 겨우 10여 인이었으나 일이 궐하는 것이 없었으니 중외에서 서로 하례하였습니다. 일찍이 두어 달이 못되어 추방되었던 자가 모두 돌아와서 환관의 액수가 전보다 감해지지 않았습니다. 대저 환관의 해는 사책에 실려 있어서 밝게 알 수 있습니다. 모조리 들기는 쉽지 않으니 우선 근래의 이목에 미친 것을 가지고 논하겠습니다. 김사행은 기이하고 교묘한 것으로 조순은 아첨하고

72 정종 1(1399)년·己卯年 1月 7(戊寅)日, 『조선왕조실록』【태백산사고본】1책 1권 1장 B면·【국편영인본】1책 143면.

간사한 것으로 모두 총행을 받아 서로서로 의지하여 그 세력이 중외를 기울게 했습니다. 조사들은 두려워하기를 귀와 역蜮[73]같이 하고 백성들은 미워하기를 원수같이 하며 비록 제공과 부마라 하더라도 이를 무서워하여 눈도 제대로 뜨지 못하고 숨을 죽이어 감히 한마디 말로 그 잘못을 논하지 못했습니다. 이것은 모두 전하께서 친히 보신 것입니다. 지금 환관의 기세가 이들 두 사람 같은 자가 있다는 말을 듣지 못하였으나 《주역》에 말하기를 '서리를 밟으면 단단한 얼음이 이른다'고 하였으니 국가를 가진 자가 기미를 막고 조짐을 막는 데에 있어서 그 시초를 삼가지 않을 수 있겠습니까? 원하건대, 액정서의 긴요한 차비를 헤아려 그 액수를 정하고 근후하고 충신하여 친근하게 할 수 있는 자를 선택하여 결원이 생기는 대로 보충하고 그 나머지는 파하여 보내어 갈 데로 가게 해서 자손 만세의 법을 삼으소서." 임금이 말하였다. "궁중의 차비를 궐할 수는 없다. 지금 환관이 각각 그 임무에 충당되어 있으니 다시 논하지 말라."[74]

경연에 나아가서 《대학연의》를 읽다가 조고[75]가 권세

73 역蜮 : 살여우.

74 정종 1(1399)년·己卯年 12月 1(丁酉)日, 『조선왕조실록』【태백산사고본】1책 2권 18장 B면·【국편영인본】1책 160면.

75 조고趙高 : 중국 진나라의 환관. 시황제가 죽자 호해胡亥를 2세 황제로 앉히

를 천단한 데에 이르러 말하기를 "환관을 설치한 것은 본래 앞에서 심부름시키기 위한 것이니 행동거지가 익숙할 뿐이다. 어찌 나라 권세를 주겠는가?" 하였다. 승지 박신이 말하기를, "고금의 인주가 어찌 권병을 줄 수 없는 것을 알지 못하였겠습니까마는 환관이 조석으로 옆에서 모시면서 오로지 아첨하여 구차히 용납하기를 일삼으니 인군이 만일 밝게 살피지 않으면 반드시 모르는 사이에 그 술책에 빠집니다. 이러한 까닭으로 인군이 마땅히 기미를 막고 조짐을 막는 것을 급무로 삼아야 합니다." 하였다. 내사 이담을 불러 전지하였다. "매양 경연에 당하면 간관 1인이 입시케 하여 만일 과실이 있거든 직언하여 꺼리지 말고 내 덕을 도우라."[76]

편견의 늪은 본디 깊고도 넓은 법이다. 아전을 떠올리면 나쁜 사람부터 생각하듯, 내시의 경우도 훌륭하다는 단어와는 거리가 멀다. 선량한 이속은 부자연스럽기 그지없는 표현이고 정의로운 환관도 불편하기 짝이 없는 건 매일반이다. 어떻게 형용하든 모든 예외는 일상의 믿음을 뒤흔들며 익숙함

고 온갖 횡포한 짓을 다함.

76 정종 2(1400)년·庚辰年 12月 1(辛卯)日,『조선왕조실록』【태백산사고본】1책 6권 10장 A면·【국편영인본】1책 188면.

의 세계를 부수는 순간, 편찮음을 견디긴 어렵다. 차라리 역사 속 흥미로움이나 울림 정도로 받아들이는 것도 좋을 터다.

단종조의 엄자치나 연산조의 김처선이 그런 경우다. 내시라면 그저 궁내의 일들을 소상히 알거나 항시 교활하여 경계와 적개심을 불러일으키는 존재쯤 받아들이던 조선 사회에서는 정의롭거나 때로 패악을 일삼는 군왕과 맞서는 인물을 찾기란 힘겨웠기 때문이다. 환관이라 바꿔 부른들, 교만과 방종 아니면 권세와 정보를 바탕으로 턱없이 발호한 부류로 이해한 것도 당연했다. 두 사람 역시 이 같은 일상의 이해를 거역하다보니 편안할 리 없는 삶의 끝 대목이었다.

엄자치는 세종과 문종, 단종조까지 대를 이어 의리를 지킨다. 배신과는 거리가 멀었던 그는 급기야 벼랑 끝으로 몰린다. 권력의 변화라면 동물적 후각을 지니는 내시였지만 그는 새로운 강자 곁으로 다가서지 않는다. 단종복위를 시도한 금성대군 편에 섰을 뿐 아니라 김종서 등이 제거된 뒤에도 신의를 지키자 죽음을 맞는다. 수양에게 아부하지 않은 대가였다.[77] 이 같은 정치적 일관성을 높이 평가하기보다 공격과 비

77 이한우는 이렇게 말한다. "환관=간신이라는 도식이 필연적으로 성립하는 것이 아니듯 충신=직언, 간신=아첨이라는 도식도 맹목적으로 받아들여선 안 된다." 『아부의 즐거움 : 21세기 신트렌드 팔로워십』(서울 : 휴먼앤북스,

난의 행렬에 설 수밖에 없었던 집권세력의 처지도 당대에는 전혀 이상할 리 없었다.

조정의 일상을 있는 그대로 묘사하고 권력의 입과 손을 액면대로 좇는 사관들이야 중립성의 지탱을 목숨처럼 여겼다. 하지만 이 같은 신분우위의 문화를 거역하거나 적어도 인식의 균형을 도모할 리 없는 이치야 너무나 당연했다. 두 가지 정의를 인정할 수 없는 사관들이 차마 기록의 일관성을 깨지 못한 까닭이다. 어찌 정의의 편에 선 내시의 행각을 의연히 두둔할 실록이었으랴.

대사헌 최항 등은 내시와 금성대군 등의 죄를 끝까지 다스리길 청한다.

> 상소하기를, "…… 환관의 무리들이 나라의 정치에 간여하고 조정을 경멸하니 진실로 작은 연고가 아니었으나 다행히 성감의 통촉하심에 힘입어서 하루아침에 전제 척결하였으니 국가의 복은 이루 말할 수가 없습니다. 그러나 다만 그들로 하여금 관향에 거처하도록 하여 생업에 편안하게 하시니 죄는 무거운데 벌은 가벼워서 악을 징계하는 소이가 아닙니다. 더구나 엄자치는 이미 황문의 장이 되었고 또 훈신의 반열에 참여하였으니 더욱 몸을 다하고 마음을 다

2007), p. 94.

하여서 성은을 갚아야 마땅한데도 교만하고 횡역하기가 이와 같았으니 그 죄가 다른 사람보다도 심합니다. 그러나 도리어 고신을 추탈하지 아니하시고 다만 고향땅에 거처하게 하시니 신 등은 더욱 옳지 않다고 생각합니다. …. 전하께서 또 하교하시기를, '금성대군은 별로 죄상이 없기 때문에 이에게 죄 주지 않는다.' 하시었으나 신 등이 생각하건대 처음에 어찌 죄가 없는데도 직첩을 거두도록 명하였겠습니까? …. 위의 항목의 여러 사람의 죄를 전하께서 비록 이미 적당히 헤아려서 구처하셨지만 그러나 신 등의 망령된 생각으로서는 형벌을 쓰는 것이 혹 죄에 합당하지 않고 또 그 죄명을 비밀에 붙인다면 왕자가 국법을 밝히고 죄악을 징계하는 도리가 아닐까 합니다. 엎드려 바라건대 모두 유사에 회부하여 그 죄를 끝까지 다스려 중외에 밝게 보여서 악한 짓을 하는 자로 하여금 두려움을 알게 한다면 국가에 심히 다행하겠습니다." 하니 상소를 궁중에 머물러 두고 내려주지 않았다.[78]

열렬한 주청이 여의치 않자 대사헌 등은 다시 군왕을 꺾으려 든다. 앞서 상소한 지 고작 닷새 뒤의 일이었다. 그해 3

78 단종 3(1455)년·乙亥年 3月 1(丙午)日, 『조선왕조실록』【태백산사고본】 5책 13권 31장 A면·【국편영인본】 7책 16면.

월은 여름보다 뜨거웠다. 정치에 간여한 내시를 살려둘 수 없다고 다시 상소한 고위 관료들의 성화는 나라를 끓일 불꽃으로도 모자라 스스로를 태워 없앨 지경이었다. 기껏해야 궁궐 청소나 하고 왕실 잔심부름이나 담당하는 위인이 감히 군왕 복위시도에 발 담그려드는 건 그 자체로 대역이자 모반이라는 인식은 그러나 그들만의 생각이었다.

> 대사헌 최항 등이 상소하기를, " …. 대저 황문의 직책은 임금의 궁전을 수위하고 임금의 말씀을 안팎에 전하는 데 지나지 않을 뿐입니다. …. 엄자치는 다만 고향의 마을로 내쫓았을 뿐이고 나머지 사람들은 다만 고신을 거두고 고향의 고을에 편안히 거처하게 하였을 뿐이니 이것이 어찌 악을 징계하는 뜻이겠으며 또한 '불길을 끄면서 섶을 집어넣는 것'과 같은 일이 아니겠습니까? …. 지금 군사들이 사사로이 모이는 것을 반역으로 논하는 금법을 귀로 듣고 간당들이 복죄되는 참화를 눈으로 보고서도 감히 결당하여 끌어넣어 사사로이 서로 모임을 가졌습니다. …. 환시와 군사들의 죄상은 아울러 종묘·사직과 국가에 관계되며 이미 과실이나 재난으로 우연히 그러한 것이 아니고 또한 죄가 의심스러워서 가벼이 다룰 것도 아니니 빨리 법대로 처치하여 차차 늘어나서 번지는 일이 없도록 하는 것이 가합니다. 매양 대벽에 처하는 것을 불쌍히 여기시면 고식적

으로 정사에 해가 많을 것이니 악한 것을 알면서도 징계하지 않는다면 다만 그 겁약함을 보이는 것이요, 악한 것을 징계하면서도 엄벌에 처하지 않는다면 마침내 난을 키우는 소이입니다. 일이 은미할 때에도 오히려 조심하고자 하는데 하물며 이미 드러나지 않았습니까? 일의 조짐이 보일 때에도 오히려 막고자 하는데 하물며 이미 극성하지 않습니까? 인신의 죄가 이보다 더할 수가 없는데 이것을 엄격히 징계하지 않는다면 후래에서 무엇을 감계하겠습니까? 그런데 더구나 국가에 관계되고 종사에 관계되는 죄이니 또한 전하께서 사사로이 용서할 수 없는 것인데 이에 어찌 과단하여서 이처럼 용이하게 하십니까? ….” 하였다.[79]

귀양 가는 도중, 길에서 죽은 엄자치의 처지를 당국의 이 같은 압박이 주효한 결과로 이해하는 건 무리다. 다만 한사코 그를 죽음으로 내몰려 했던 관료들의 정치적 명분과 그 집요한 허구성에 주목할 것이다. 그들이 내거는 사형의 핑계와 정치적 필요란 한결같이 후대의 감계鑑戒로 삼음이었고 적극적이다 못해 집착과 몰입의 경지로 일관한 집권층의 노력은 이미 군왕을 능멸하고도 남음이 있다. 이미 기정화된 정난靖難

79 단종 3(1455)년·乙亥年 3月 6(辛亥)日, 『조선왕조실록』【태백산사고본】5책 13권 33장 B면·【국편영인본】7책 17면.

을 정당화하고 권력의 일정을 거스를 수 없다는 당대의 상황을 굳이 감안하지 않더라도 정의로운 내시 한 사람이 용서받는 세상을 만들 수 없다는 의지는 나날이 두드러진다.

> 대사헌 최항·좌사간 대부 신전 등이 상소하기를, "요즈음 환시 엄자치가 죄를 받은 것이 너무 가볍다고 하여 누차 천총을 번거롭게 하였으나 유윤을 받지 못하였으므로 통분함을 이기지 못하여 감히 어리석음을 무릅쓰고 다시 아룁니다. …· 엄자치의 간사함은 진실로 면할 수가 없으니 전날의 공은 족히 금일의 죄를 속할 수 없는데 어찌 하루인들 천지 사이에 목숨을 부지할 수 있겠습니까? 대어가 도리어 그물을 빠져나간 것을 다행스럽게 여기고 대간이 독을 제거하는 데에 홀로 남은 꼴이니 이것이 여우를 사냥하는 뜻이나 들짐승을 기르는 경계에 있어서 어떻게 생각되겠습니까? 공으로써 허물을 덮어 주는 것이 비록 성상의 호생지인이라 하지만 법에 의거하여 죄를 정하는 것은 실로 왕자의 사벽을 그치게 하는 법입니다. 엎드려 바라건대 공의를 굽어 따르시어 빨리 상형대로 처벌하여서 후래의 감계를 엄하게 하여 나라의 근본을 튼튼히 하시면 종사에 심히 다행하겠습니다."하였으나 궁중에 머물러두고 내려주지 않았다. 그때 헌부에서 엄자치가 길에서 죽은 것을 알지 못하고 계청하였던 것이다.[80]

군왕과 맞서 훈계를 마다치 않다 죽음을 맞이하는 김처선까지 거명하지 않더라도 내시와 정의는 양립할 수 없었다. 영원히 입을 닫거나 고개 숙일 일이며 항시 엎드려 뛰어난 복종의 미덕으로 제 몸 감싸는 길밖에 내시의 갈 길은 온전할 리 없던 셈이다. 신분의 설움보다 정신적 수모와 정치적 견제가 좀체 견디기 힘들었다면 죽고 죽이는 살벌한 경쟁의 틈바구니에서 끝없이 이어지는 집권세력의 경계는 대체 뭘 뜻할까. 역사를 관통하는 간관諫官들의 주청과 상소가 흐르도록 넘치는 조선이지만 군왕 역시 그 저의와 정치적 동기를 받아들이는 방식은 제각기 달랐다.

언짢고 불안할망정, 왕의 입장에서야 편할 리 없는 상소였다. 하지만 외면과 부분 수용을 거듭하는 동안에도 환관을 내치거나 권력과의 근접조우를 금하게 하려는 주청만은 액면 그대로 받아들이기 쉽지 않았다. 앞서 지적한대로 그들은 군주의 입이자 귀였고 발이자 손이었기 때문이다. 수족을 잘라 그 또한 곁에 두지 못하게 하며 행여 힘을 얻어 딴 마음 품을새라 멀리 있게 하여 단지 간단한 심부름만으로 예측 가능한 일정과 행각의 대강을 수행케 한다는 건 차라리 군주의 일상을 봉쇄하고 양반 관료들의 통제권 아래 정치적 수뇌를 가두

80 단종 3(1455)년·乙亥年 3月 29(甲戌)日, 『조선왕조실록』【태백산사고본】 5책 13권 56장 B면·【국편영인본】 7책 28면.

겠다는 뜻과 다르지 않았던 터다.

이 같은 견제는 정치적 시기와 권력의 질투로도 너끈히 헤아릴 수 있다. 한번 장악한 권세의 내실을 다지고 정치적 독점구조를 방해하는 세력 일체와 경쟁 가능한 미래의 싹들을 제거하고픈 욕심이 이 같은 정치심리의 바탕을 이룸은 물론이다. 국가최고의 권위이자 실질적 강자를 보좌한다는 사실은 아무리 세도가라 하더라도 그 자체만으로 깊은 콤플렉스일 수 있었다. 가능하다면 그것마저 장악하고 싶은 정치적 독과점의 욕망은 힘들여 얻은 권력을 한사코 빼앗기지 않으려는 과잉 탐욕과 상대세력의 힘의 확장을 지나치게 의식하는 정치적 허허로움을 낳게 마련이다.

문자 그대로 '넘침이 부족함만 못한' 이치過猶不及는 왕실을 견제하려는 집권층의 과욕과 명분 만들기에서 자연스레 배어나오고 있었다. 정치제도의 밑동과 근간을 공고히 다지려 애쓴 성종조에도 간관들의 경계와 정치적 검열은 어김없었다. 대사간 이세필 등은 환관의 권세가 커지는 조짐을 막아야 한다고 기꺼이 상소를 올린다.

> "삼가 살피건대 《역경》에 이르기를, '그 도가 진행되어 굳은 얼음이 얼게 되는 데 이른다'고 하였으니 이는 그 조짐을 자라게 할 수 없다는 것이며 《서경》에 이르기를, '그 세력이 빛나면 끊지 못한다'고 하였으니 이는 그 세력을 막을

수 없는 것을 말한 것입니다. …. 옛날 당나라 태종이 내시성에 조서를 내려 '3품관을 세우지 말고 일을 맡기지 말라' 고 하였는데 그 후손에 미쳐서 옛 법을 따르지 아니하여 마침내 환관이 권세를 마음대로 자행하여서 나라가 위태하고 망하는 데에 이르렀습니다. 말이 여기에 미치니 한심하다 이를 수 있겠습니다. 신 등이 가만히 생각건대 우리 조종 때부터 환관 가운데에 어찌 부리기에 편리하고 언어에 능한 자가 없었겠습니까? 그러나 항상 제재하고 억제하여 권세를 빌려 주지 아니하여 일찍이 중관의 자제로서 동반에 참여하였다는 것을 듣지 못하였으니 법을 후세에 전한 뜻이 지극하다고 이를 수 있습니다. 지금 훈맹이라고 일컫는 자가 두서넛뿐이 아니고 황금으로 띠를 두른 자가 무려 10여 명이며 환관 가운데에 안중경 같은 자가 있고 자제들 가운데에 안중좌 같은 자가 또한 있으니 안중좌에게 벼슬을 제수한 것을 보고 모두 말하기를, '저와 내가 공이 서로 같고 품계가 서로 같은데 저는 능히 그 자제를 벼슬시키는데 나는 어찌하여 홀로 그렇지 못한가?' 하며 다투어 서로 말을 빙자하여 작록을 꾀하고 권리를 요구하면 다른 날의 해를 어찌 헤아릴 수 있겠습니까? 엎드려 바라건대 성명을 소급하여 거두시어 환시가 권세를 부리는 조짐을 막으소서" 하니 전교하기를, "나를 어두운 임금이라 여겨서 그런 것이냐? 상소 가운데의 뜻은 내가 아는 바이다" 하였다.[81]

자신이 누릴 바를 환관들마저 공유하거나 적어도 그리될 것이란 예측 속에서 살아가는 건 기어이 마다할 일이었다. 설령 오늘의 제로섬처럼, 나눠가질 권력 총량에서 누군가의 몫이 분명히 예비된다 하더라도 해당 지분을 내시들이 차지하는 일만큼은 막아야 했다. 내가 갖지 못할 힘이라면 익명의 그도 갖지 말아야 하며 가능한 자신만이 챙길 정치적 이익의 최대치를 관리·도모하는 게 우선이었다. 양반의 나라에서야 왕의 주변은 만질 만큼 또렷할수록 그들에게 유리했다.

그런다고 쉬이 흔들릴 군왕이라면 얘긴 달랐을 것이다. 수족처럼 부릴 줄 아는 임금에게 내시는 '힘'이지만 스스로 패악을 일삼거나 후대에 알려질 얼룩을 만드는 경우, 섬김은 때로 '단칼'이자 지독한 '비상砒霜'이었다. 곁에 있는 자가 가장 많이 보며 제일 깊이 듣고 누구보다 아프게 찌르기 때문이다. 게다가 악은 관찰대상이기 이전, 저지르는 자의 자각과 때로 바다보다 깊은 회한으로 온몸 치떨게 만드는 약이며 피눈물의 연료였다. 오죽하면 연산은 이런 명령을 내렸던 걸까. 궁궐안의 일을 누설할까 염려하여 사람들이 내시의 집에 출입하는 것을 금할 정도였으니 말이다

81 성종 13(1482)년·壬寅年 7月 6(癸酉)日, 『조선왕조실록』【태백산사고본】21책 143권 4장 B면·【국편영인본】10책 350면.

> 명하여, 사람들이 내시의 집에 출입하는 것을 금하였으니 대궐 안의 일이 새어나갈 것을 두려워한 것이다. 또 감찰을 시켜 궐내에서 사람들이 짝지어 말하는 것도 금하였다.[82]

근무 기강과 직업윤리의 정착을 둘러싸고 내시제의 변화를 고민한 인물은 중종이다. 내시의 역할제한과 본분의 재확인을 강하게 의식한 개혁군주는 그들의 폐단은 물론 징벌의 기본과 인사정책에서 심지어 복식에 이르기까지 문제를 폭넓게 바라본다. 하지만 군왕의 의지와 신료의 그것은 반드시 일치하지 않았다. 개혁은 말처럼 쉽지 않았고 혁명보다 더한 주문과 기다림을 필요로 했다. 제대로 바꾸기 위해서는 내시들의 탁월한 언변과 예외적 붙임성을 넘어섬은 물론 그로 인한 군왕의 미혹迷惑을 털어내는 과업에서부터 통제와 방임의 경계를 따지고 이를 둘러싼 정책 조율에 이르기까지 복잡한 문제들이 가로막고 있었기 때문이다.

82 ○命禁人出入于內侍家, 恐漏禁中事也.又令監察, 禁闕內人耦語. 연산 11(1505)년·乙丑年 11月 22(癸卯)日, 『조선왕조실록』【태백산사고본】16책 60권 14장 A면·【국편영인본】14책 29면.

조강에 나아갔다. 시강관 한효원이 유분의 대책에 따라 아뢰기를, "처음에 환관을 둔 것은 합문을 지키고 뜰 안을 청소하기 위해서였습니다. 그러므로 임금은 반드시 환관을 부리는데 환관이 임금의 뜻에 영합하므로 마침내는 반드시 가까이하고 신임하게 되니 어리석은 임금은 끝내는 그들의 술책에 빠집니다. …… 엄하게 대하지 않으면 그 종말은 알 수 없는데 지금 환관으로 하여금 말을 전하게 하니 반드시 큰 폐단이 있게 될 것이며 지금 내시들의 복장이 문·무관의 것과 같으며 또한 왕명을 내고들이고 할 적에 한 마디 말이라도 어긋나면 나라 일이 크게 틀어질 것입니다. 이는 《강목》에 이른바 '화가 울안에서 크고 간계가 장막 안에서 생긴다'는 것이니 두려워하지 않을 수 있겠습니까?" 하니 상이 이르기를, "분의 대책은 한갓 당시의 폐단을 다 말하였을 뿐만 아니라 역대의 일에 있어서도 극진하게 논하였으니 지극히 정직하다. 그러나 고관이 환시를 두려워하여 그 말을 써 주지 않고 집정도 써 주지 않았으니 천년 후인 오늘에도 오히려 유감스럽다. 우리나라가 환관으로 하여금 말을 출납하게 하니 마침내는 반드시 우환이 있을 것이다. 옛적에는 환관의 의복제도가 달랐으니 이것은 비록 사소한 일이나 고치는 것이 옳다." 하였다. 영사 송일이 아뢰기를, "환시의 폐단을 역대 임금이 알지 못한 이가

> 없었으니 알기가 어려운 것이 아니며 이미 그 폐단을 알았다면 엄정하게 대해야 합니다." 하고 효원이 아뢰기를, "우리나라의 내시도 모두 아내가 있습니다. 임금이 재변을 당하여 궁녀들을 내보내는 것은 부녀들의 숨은 원망이 음양의 화기를 손상하게 되기 때문인데 환관이 아내를 두는 것이 궁녀들을 내보내는 뜻으로 본다면 어찌 틀린 일이 아니겠습니까!" 하였다.[83]

군왕과 집권층의 진정성은 그러나 내시들 모두에게 손쉽게 파고들기 힘겨웠다. 김처선과 엄자치 같은 이들도 있었지만 그 대척점에 서서 의심과 탐욕으로 버티는 장본인들도 흔했기 때문이다. 강자 곁에 있으니 스스로 센 줄 알았고 높은 사람과 늘 함께 하니 자기도 같은 반열인 양 헛갈리기도 하였다. 거드름과 허세의 충만, 호가호위로 천명을 대신하는 정치적 착시, 위장된 반성과 멈출 줄 모르는 눈치 보기, 모면과 회피로 일관하는 임기응변의 반복.

문제는 기강의 해이였다. 재량권을 크게 일탈하는 거드름과 정치적 교만이 세상의 두려움마저 잊게 만드는 환관의 폐단은 조정의 끝없는 논의 대상이지만 본인들의 자각과 절

83 중종 8(1513)년·癸酉年 10月 17(辛亥)日, 『조선왕조실록』【태백산사고본】10책 19권 4장 B면·【국편영인본】14책 679면.

제 없이 뾰족한 대안은 없던 터다. 자신보다 조금이라도 강한 듯 보이면 굽신거리고 행여 돌아올 피해나 자기 손해는 없을지 미리 염려하는 정치적 판단의 극치는 곧 자발적 복종의 만연이었다. 제아무리 개혁을 작정한 군왕일망정 고의적 방만과 일탈을 의식하는 측근의 발호 앞에서 지혜와 슬기의 모범을 구가할 경우의 수란 그리 많지 않았다. 정치적 기적을 바라거나 차라리 획기적 요행을 기대하게 할 정도였으니 말이다.

조강에 나아갔다. …… 소세양이 아뢰기를, "요즈음 들으니 환관이 도로에 벽제辟除하기를 재상과 같이하여 기탄없이 자행한다 합니다. 무릇 그들이 하는 말을 상께서는 혹시라도 귀를 기울여 채택하지 말 것이며 만약 조그마한 허물이라도 용서하지 마소서." 하고 …… 영사 정광필은 아뢰기를, "들으니, 세조조에서는 승지로 하여금 명을 전하게 하고 또한 조신이 사신 나갔다가 복명할 적에는 반드시 친히 보고 들은 일을 묻기 때문에 신하가 진언하기 쉬웠는데 그 뒤 정희왕후가 임조하면서부터 비로소 환관으로 내외의 말을 출납하게 하였으므로 한효원이 '환관이 하향하면 감사와 수령이 후대한다'고 한 말은 과연 옳습니다. 전에 이승원이 평안도감사가 되었을 때 내관 이효지가 그 도에 내려가서 요구하는 것이 매우 많았으며 심지어 기생을 태워 가지고 다니기까지 하는데도 각관 수령들이 서로 초청하여 맞아들이니 …· 환관이 하향함에 반드시 이러한 폐가 많을 것입니다." 하니 상이 이르기를, " …· 용렬한 사람들은 환관에게 아부하는 자가 많을 것이다. 시인侍人이 명령 전하는 것을 조종조로부터 혁파하고자 한 지 오래되었는데 심지어는 상소하여 논란하는 자까지 있었다. 성종조에서 큰일은 승지가 친계하고 작은 일은 환관으로 하여금 전계하게 하였다. 우리나라는 중원과 달라 사소한 일이 많으니 어찌 일일이 친계할 수 있겠는가?" 하매 효원이 아뢰기를, "사소한 일을 다 친계할 수는 없거니와 큰일만이라도 가려 친계하여 점차 이 폐단을 없애는 것이 마땅합니다. 또 삼시경연 때에는 승지로 하여금 각자 아뢰게 함이 좋을 것입니다." 하니 상이 이르기를, "과연 아뢰어야 될 일은 승지가 경연에서 아뢰는 것이 마땅하다."[84]

그럼에도 불구하고 환관의 정원을 제도화하고 근무의 교대와 효율을 고민하는 관료들의 제언을 경청할 만큼 군주는 섬세했다. 정광필 등은 내관의 제도정원을 《경국대전》 기준대로 따르자고 제안한다. 적으면 업무과중으로 버겁고 많으

84 중종 9(1514)년 · 甲戌年 1月 27(辛卯)日, 『조선왕조실록』 【태백산사고본】 10책 19권 59장 A면 · 【국편영인본】 14책 707면.

면 또 방만해지는 인사의 균형과 최적의 대안을 찾기란 쉽지 않았기 때문이다. 한사코 《대전》을 찾아 인사의 제한을 두려 함은 다스림을 통한 위엄의 강화와 단속의 핑계일 수 있지만 제도운영의 원칙을 지키려는 당대의 노력은 관료조직이 도모할 정치 행정적 조치의 최선이었다.

> 의논드리기를, " …· 조종조의 내관의 수는 많을 때도 있고 적을 때도 있었는데 반드시 그 직사의 다소를 보아서 조정을 하였던 것입니다. 《대전》에 내시부는 1백40원員으로 되어 있는데 4품 이하는 문무관의 사진일수에 의하여 계급을 올리고 3품 이상은 특지가 있어야 제수하게 됩니다. 그러므로 지금은 일체 《대전》에 따라서 시행하는 것이 마땅할 듯하나 단 이미 제수한 자급을 한꺼번에 고쳐버리면 소요가 일 듯 하니 앞으로는 함부로 제수하지 않는 것이 옳겠습니다. 그리고 현재 사진하고 있는 내관 가운데 장번이 15요, 좌번·우번이 각각 73으로 도합 1백61이니 《대전》의 숫자보다 21이 더한 것입니다. 각 궁전 차비의 숫자를 감하거나 겸차하거나 해서 《대전》의 숫자에 따르는 것이 어떻겠습니까?" 하였다.[85]

85 중종 12(1517)년·丁丑年 6月 29(癸酉)日, 『조선왕조실록』【태백산사고본】 14책 28권 22장 B면·【국편영인본】 15책 284면.

그러나 환관들의 자제와 반성을 촉구하는 정치권력의 우려는 빛을 잃고 있었다. 조선 중기에 다다르도록 이 문제는 여전한 환부로 남아있거나 더 나빠지고 있었기 때문이다. 거드름을 통한 오만과 민폐 확장은 물론 힘의 남용으로 인한 여론의 악화는 그 중 으뜸이었다. 심지어 개인적인 폭력사용과 신분의 은폐를 통한 위계와 고압까지 마다치 않는 등 명종조의 골칫거리로 떠오른다.

정치적 모범과 제도 준용을 위해 누구보다 적극적인 군주는 명종이었다. 환관들의 기강과 긴장의 도모를 위해 애쓴 그는 그나마 몇 안 되는 정치적 자기검열의 장본인이기 때문이다. 당대의 폐단부터 짚어보자. 1553년 3월 5일, 사간원은 문제를 일으킨 환관을 벌해야 한다고 청하는가 하면, 10여년 뒤 왕은 아예 환관의 이름을 특정하며 치죄를 명한다.

> 간원이 아뢰기를, "근래 환관들이 기탄없이 방자하여 공사를 빙자해서 사욕을 채우느라 하지 않는 짓이 없으니 온 나라 사람이 통분해 하지 않는 이가 없습니다. 지금 경연관이 경상도에서 피해를 끼친 환관의 일을 아뢰자 상께서 먼저 파직하고 뒤에 추고하라고 특명하였으니 이와 같은 명단明斷에 어느 누가 감격하지 않겠습니까. 신들이 듣기로는 환관 5-6명이 공문도 없이 내려가서 각 고을을 출입하며 조금만 뜻대로 되지 않아도 매를 치므로 온 도가 떠들

썩하여 그 폐가 경주의 도적보다 심하다 합니다. 감사에게 하문하시어 시끄럽게 폐해 일으킨 자의 죄를 끝까지 다스리도록 하소서." 하니 답하기를, "환관들의 일은 공론이 이와 같으므로 내시부로 하여금 아뢰도록 하였다." 하였다.[86]

전교하였다. "내시부 상탕 손빈은 몸가짐을 삼가지 않고 성품이 거짓이 많다. 며칠 전에 길에서 전 장령 장사중을 만났으나 곧장 말에서 내리지 않고 환관의 명칭을 감추면서 외방의 사람이라고 속였었다. 말을 꾸며 이리저리 청탁을 돌리고 법을 담당하는 관아를 속여 조금도 꺼리는 바가 없으니 매우 간사스럽다. 추고하여 치죄하라."[87]

간원이 아뢰기를, "신들이 삼가 전교를 보니 내시부 상탕 신희와 여홍서, 상훼 김기문이 범한 죄는 모두 불경에 관계되는 것으로 매우 놀랍습니다. 환관들의 교만하고 방종한 폐습은 예로부터 걱정거리였습니다. 그 조짐을 막지 않을 수 없습니다. 금부에 내려 추국하소서." 하니 아뢴대로

86 명종 8(1553)년·癸丑年 3月 5(辛巳)日, 『조선왕조실록』【태백산사고본】10책 14권 19장 A면·【국편영인본】20책 117면.

87 명종 19(1564)년·甲子年 2月 20(癸亥)日, 『조선왕조실록』【태백산사고본】18책 30권 13장 B면·【국편영인본】20책 689면.

하라고 답하였다.[88]

상이 판의금부사 오겸, 지의금부사 송기수, 동지의금부사 어계선과 이건을 불러 전교하기를, "전 내시부 최한형【최한형은 이에 앞서 몇 달 전에 이미 파직되었다. 그는 성품이 강하여 누차 상의 뜻을 거슬렀기 때문에 비록 총애는 받았지만 죄책이 끊이지 않았다】은 본시 거칠고 비루한 사람으로 외람되이 내반의 반열에 끼어 스스로 관작을 점유하고 조관을 헐뜯고 나라의 일을 걱정하지 않고 양자에 대한 잘못을 아뢸 시기가 아닌 때에 가벼이 아뢰었으며 【환자(宦者)는 반드시 어린 환자를 데려다가 양자로 삼는데 많은 경우는 4-5명에 이른다. 그 수가 점점 불어나기 때문에 풍저창의 지출이 조종조 적의 수량보다 배나 된다 하였다】 내관 김양보는 본래 연소하고 광패한 사람으로 내반【내반은 원 이름으로 대궐 안에 있는데 장번 내관의 직소다. 환시 중에서 20명을 골라 종일 임금의 좌우에 모시게 하니 이를 일러 장번이라 하였다】에 참여된 세력을 믿고 산릉을 옮기려 재계하던 날 한 늙은 환자가 막 밥상을 들고 어실로 들어오려 할 때에 그는 상머리로 쳐서 거의 높은 뜰 아래로 떨어지게 하여 대궐 뜰에 큰일이 생길 뻔하였다. 그리고 을축년 가을 내 몸이 편

88 명종 20(1565)년·乙丑年 10月 23(丙戌)日, 『조선왕조실록』【태백산사고본】19책 31권 95장 A면·【국편영인본】21책 47면.

치 못할 때에 그는 장번의 반열에 있는 몸으로 고향에 내려가서 즉시 올라오지 않았다. 전 내시 이훤은 본래 우망한 사람으로서 자신의 사소한 감정으로 고을 원을 헐뜯어 궁중에 전파하였으니 풍속을 해치는 일에 관계됨이 있다." 하였다.【잠시 후에 비망기의 말을 전지로 만들어서 내보냈다. 금부가 환관의 일은 징계가 없어서는 안 된다는 전지를 이미 받들었고 상이 또 노여워하고 있기 때문에 '사면령을 겪어서 전부 석방했던 일'을 불가한 것으로 여기고 왕명으로 용서해 준 전의 일 가운데서 각각 한두 죄목씩을 뽑아내어 조율하여 최한형은 도역에 해당시키고 김양보·이훤 두 환관은 모두 고신을 빼앗았다】사신은 논한다. 자고로 아무리 영명한 임금이라 하더라도 근습에 가려진 바 되지 않은 일이 적었다. 상은 환관에 대하여 항상 엄하게 제어하기 때문에 비록 조회를 보지 않더라도 시종신을 1년 내내 접견하는 것이 한 두 차례 경연의 대면에 불과하지만 왕명이 출납되는 데서는 환시들이 털끝만큼도 거짓을 꾸미거나 가로막는 걱정이 없었으니 역시 어려운 일이었다. 그러나 10년 전의 죄악을 추구하여 한 일의 미세한 과오를 가지고 재삼 추론하니 조정 신하들도 황공한 마음이 없지 않을 것이다. 그 '환시가 조관을 거론하니 후일의 폐단이 없지 않을 것이다'라는 전교와 '혐의를 품고 헐뜯어 궁중에 전파하였으니 풍속을 해치는 일에 관계가 있다'는 전교는 참으로 환시를 거느리는 현명한 방책이다.[89]

이 정도의 섬세함이라면 내시들의 측근정치에 대한 경계와 훈고로 모자람이 없을 터였다. 오늘의 잣대로 보면 시효가 약해졌거나 한번 다룰 법했던 사단을 뒤늦게 재결하려는 번거로움이 지나친 게 사실이다. 내시들의 과오에 관한 한 누구보다 소홀하지 않으려는 치밀함이 돋보인다는 점에서 명종의 단호함은 귀감이 될 만하다. 그럼에도 불구하고 그는 뒤끝 무르고 무책임한 전례를 남긴다. 앞서 얻었던 명성과 공정함을 잃는 행적들이 잦았던 까닭이다. 군왕의 치적과 사람됨에 대한 총체적 평가가 가혹한 사관들의 붓끝에서 명종 역시 비껴가긴 어려웠다.

> 사신은 논한다. 세 환관의 죄는 그 경중에 대해서는 논할 필요가 없다. 10년 전의 오래된 일로 금부를 급히 불러서 전교한 데에는 필시 까닭이 있을 것이다. 그러나 상이 비록 엄중하게 환시를 제어한 듯 하지만 오래지 않아서 도로 그들을 서용하는가 하면 은총이 조금도 감손됨이 없을 뿐더러 액정의 수가 예전에 비하여 극히 많았다. 그런 때문에 방종하고 교만한 자가 태반일 뿐만 아니라 심지어는 지방수령을 간청하여 공공연히 제수받기까지 하므로 지식층에

89 명종 21(1566)년·丙寅年 8月 3(辛酉)日, 『조선왕조실록』【태백산사고본】 20책 33권 17장 A면·【국편영인본】 21책 103면.

서는 그를 걱정하였다. 최한형은 비록 환시이나 성품이 매우 강직해서 누차 간언을 하였다. 이 때문에 상의 뜻을 거슬러서 쫓겨나는 일이 한두 번이 아니었다. 이때에 와서 또 밖으로 내쫓겼으니 그의 곧음을 아는 자는 더러 애석하게 여겼다.【상이 환시를 대하는 데 매우 엄격하여 사소한 실수만 있어도 용서하지 않았다. 그러나 정번처럼 아양 떠는 무리는 종시 총애를 받았다. 최한형은 성질이 온순치 않아 임금의 뜻을 거스르는 일이 많았기 때문에 죄를 얻었다 한다. 문계종 같은 사람도 환시 중에서 일컬을 만한 자였다. 상이 잘못을 저지르면 때로 간언을 하였다. 이 때문에 그는 꺼림을 받았다. 그 간사하고 아첨한 무리에 비하면 역시 저들이 이들보다는 나을 것이다】[90]

조선 후기에 이르러도 상황은 마찬가지다. 역사의 기록이 내시의 덕행과 미담보다 과오와 실수 혹은 악행의 반복에 주력하였던 건 기왕의 편견 위에 경계의 뜻을 과잉 의식한 탓이다. 하지만 간헐적으로 이어지는 그들의 독선과 상상을 넘어서는 월권은 작은 문제가 아니었다. 효종조에 일어난 다음 사건만 해도 간단히 지나치긴 어려웠다. 이제는 단순 패악이나 교만이 아니라 주변을 괴롭히다 못해 자살까지 이르도록 했

90 위와 같음.

으니 말이다. 사헌부는 내관들이 포악하게 굴고 있음을 아뢴다.

"상의원의 공장은 오로지 임금의 의복이나 거마를 마련하기 위해 설치한 것인데 요사이 내시 무리가 공무를 빙자하여 사익을 꾀하며 몹시 방자하고 포악하게 굴고 있으니 참으로 한심합니다. 지난번 어느 장인이 내관의 비위를 거슬렀다가 매를 몹시 맞고 독촉을 견디다 못해 끝내 목매어 자살까지 하였으니 사건이 극히 놀랍습니다. 당장 그 내관을 잡아다 심문해서 죄를 정하소서." 하니 상이 따랐다.[91]

높은 곳에서 힘센 사람 모시며 권력의 행태를 겪음은 의식의 동화는 물론 어쩔 수 없는 체화 절차에 익숙해지는 일이었다. 하지만 자신을 욕보이는 모습을 지켜보는 최고 권력이나 또 다른 권력주변부 인사들의 생각이 복잡해지는 건 지극히 당연했다. 그 결과 심지어 내시와 친하게 지내는 자를 벌하려 들거나 그들의 방자함을 엄금하라는 왕의 하교가 전혀 이상할 리 없는 세상이 되고 있었다.

영조조의 다음 두 기사만 보더라도 왕 개인의 일상적 긴

91 효종 10(1659)년·己亥年 1月 16(戊申)日, 『조선왕조실록』【태백산사고본】21책 21권 3장 A면·【국편영인본】36책 171면.

장과 단속의 관행을 잘 알 수 있다. 이를 굳이 정치개혁이니 행정쇄신 같은 당대의 거창한 시정목표와 연결시켜보지 않더라도 말이다.

> 사족이 되어 내시와 친밀하게 지내는 자를 형벌하여 근습을 엄히 단속하고 후폐를 근절시키는 뜻을 보였다.[92]

> 하교하기를, "엄수가 방자한 것은 나라의 홍체에 관계되는 것이니 옛날에 어찌 이러한 일이 있었겠는가? 내시와 학도가 유건을 착용하고 장중에 함부로 들어가므로 이미 엄금하였으나 복건을 쓴 〈엄수가〉 많다 하니 복건은 엄수가 착용할 것이 아니다. 사복한 초기에 한 늙은 내시가 남여를 타고 꽃을 완상하므로 풍원군이 대간이 되어 논계하였었다. 지금 들으니 또 남여를 탄 자가 있었다고 하는데 이와 같이 그치지 않는다면 한나라의 십상시가 어찌 멀겠는가? 어떻게 원래 아뢴 것에 대해 계하하기를 기다리겠는가? 내부로 하여금 즉시 현고하게 하라." 하였다.[93]

92 영조 40(1764)년·甲申年 4月 13(甲午)日, 『조선왕조실록』【태백산사고본】 70책 103권 18장 B면·【국편영인본】 44책 164면.

93 영조 48(1772)년·壬辰年 1月 17(癸丑)日, 『조선왕조실록』【태백산사고본】 79책 118권 9장 B면·【국편영인본】 44책 409면.

게다가 휴가 중인 내시의 횡포를 엄단하라고까지 전교한 왕이 있었으니 당대의 정치적 압박정도가 어느 정도였는지 가늠하긴 어렵지 않다. 정조조의 일이다. 징벌의 매를 벌기도 한 내시였지만, 이를 두고 준엄한 조치를 내리지 않을 리 없던 군주다.

> 전교하였다. "대궐의 내외를 엄히 차단하는 것은 본래부터 지극히 엄격하였는데 근년 이래로 막고 금지하는 것이 또 어떠하였는가. 그런데도 명색이 내시라는 자가 길을 우회하여 다른 고을을 왕래하였으니 이것만도 벌써 아주 놀라운 일이다. 그런데 또 감히 읍치에 곧장 들어가서 산송을 잘못 판결했다고 하면서 수리를 끌어내어 제멋대로 매질을 하고 그 관장의 죄를 하나하나 따지기까지 하였다. 그 수리에게 추문하는데도 감히 한 마디의 변명도 하지 못하였고 해당 수령은 고을의 아전이 대신 매를 맞는 것을 보고서도 감히 한 마디의 말로도 금지하지 못했을 뿐 아니라 처음부터 이미 수수방관하였으며 또 따라서 지금까지 덮어두고 보고하지 않았으니 조정을 욕되게 한 것이 이보다 더 심한 경우가 없다. 무장현감 신우상을 바로 그곳에 정배하라. 도백으로 말하더라도 이 사실을 몰랐어도 죄가 되거니와 알았다면 어째서 보고를 지연시켰단 말인가. 무겁게 죄를 주는 조치를 취하지 않을 수 없다. 그 곡절을 그로 하여금 우

선 사실대로 보고하게 한 다음에 사리를 따져서 초기하여 올리도록 하라. 이른바 내시로서 간악한 짓을 한 자는 사람의 껍질만 쓰고서 이와 같은 죄를 범하였으니 완악하고 외람된 자의 끼친 폐단이야말로 어떠하겠는가. 나라의 기강이 점점 더 해이해진다는 것을 더욱 알 수가 있다. 해당 내시 서완세는 내시의 명부에서 삭제하여 낙도에 보내어 종으로 삼고 귀양간 곳의 감사로 하여금 그를 사주한 사람과 공모한 여러 사람들을 철저히 조사하여 엄하게 형장을 쳐서 귀양 보내도록 하라. 근래 외조에서 내시에 대하여 서로의 한계를 조금은 알고 있으리라고 생각했었는데 바로 예전에 들어보지 못했던 이런 일이 있게 되었다. 만일 거듭 엄한 법을 가하지 않으면 뒤에 일어날 이런 일을 어떻게 막아내겠는가. 이 뒤로는 내시와 관계된 일에 대하여 조금이라도 엄하게 처리하지 않는 단서가 있으면 먼저 외조에 대하여 그 갑절의 율을 적용할 것이다. 휴가를 받은 자가 길을 우회하여 가는데도 금지하지 않았을 경우에는 지방관에게 도배의 법조문을 시행하고 관아의 근처를 무단히 왕래하는데도 이를 알면서 말하지 않았을 적에는 지방관에게 섬으로 귀양 보내는 법조문을 적용하도록 하라. 이를 각각 벽에 써서 붙여두고 항상 쳐다보면서 경계하고 마음에 새기도록 하라."[94]

내노비와 시노비 혁파를 하달한 때는 정작 순조조에 이르러서였다. 공노비 철폐를 기정화하는 취지로 노비안 소각까지 명하는 왕이었지만 환관들의 폐단에 대한 홍희운의 상소를 접한 군주는 내시들의 직업윤리와 근신의 필요를 각별히 지적한다. 세상의 혁파가 신분질서 개혁만으로 담보되긴 힘들며 정치 변화 역시 최고 권력의 의지나 명령만으로 실현되는 것이 아님은 이 대목에서도 또렷해진다.

> 하교하기를, "선조께서 내노비와 시노비를 일찍이 혁파하고자 하셨으니 내가 마땅히 이 뜻을 계술하여 지금부터 일체 혁파하려 한다. …… " 하고 인하여 문임으로 하여금 윤음을 대신 지어 효유하게 하였다. 그리고 승지에게 명하여 내사와 각 궁방 및 각 관사의 노비안을 돈화문 밖에서 불태우고 아뢰도록 하였다.[95]

> 부응교 홍희운이 상소하였는데 대략 이르기를, "우리 조정에서 환시를 억제하였던 것은 이미 열성의 가법이고 성세의 아름다운 법이 되었습니다. 아! 우리 선대왕께서는 즉

94 정조 17(1793)년·癸丑年 12月 24(癸未)日, 『조선왕조실록』【태백산사고본】38책 38권 68장 B면·【국편영인본】46책 434면.

95 순조 1년·辛酉年 1月 28(乙巳)日, 『조선왕조실록』【태백산사고본】2책 2권 20장 A면·【국편영인본】47책 362면.

위 초부터 먼저 뽑아버림을 더하였으므로 재위하신 지 25년 동안에 황문이 직무를 맡은 것은 물을 뿌리고 비로 쓰는 일에 지나지 않아서 공적이나 사적으로 출입함에 있어 그들이 침노하여 어지럽혔다는 소리는 듣지 못하였습니다. 신이 지금의 사행에 여러 연도의 제읍에서 들으니 내시로서 말미를 받아 사사로이 행동하는 자가 자못 빈번한데 백성을 채찍질하면서 물건을 요구하여 여러 방면에 걸쳐 폐단이 된다고 합니다. 이것이 비록 지극히 미세한 일이긴 하지마는 그것이 적게 번질 때 미리 막고 끊기를 그냥 지나칠 수 없습니다. 하물며 삼가 생각하건대 우리 전하께서 어린 나이로 나라를 다스림에 있어 올바르게 시작할 정본은 마땅히 궁부를 단속하여 부정을 깨끗이 하기에 먼저 해야 할 것인데 이 무리들은 한결같이 혹시 방자하게 감히 선조 때 시행할 수도 없었던 일을 오늘날에 마음대로 행하고 있으니 그 놀라서 탄식함이 어찌 그칠 수 있겠습니까? 삼가 바라건대 신료들에게 이 소장을 내리어 엄히 금단을 더하게 하고 무릇 내시의 출입에 관계되는 일은 별도로 조절하여 만일 혹시 법을 범하거든 도신으로 하여금 적발하게 하여 나타나는 대로 엄히 다스리는 바탕을 삼도록 하소서." 하니 비답하기를, "환시에 관한 일은 묘당으로 하여금 사실을 조사하여 엄중히 처단하도록 하겠다." 하였다.[96]

조선의 몰락이 가까워질수록 내시들의 부정과 폐단을 부각시킴은 자칫 정치적 센티멘털리즘을 키우는 단서가 될는지 모른다. 하지만 지방관들이 중앙과 결탁하여 사익을 채우고 이를 위해 내시들을 끌어들이려 애쓰는 등 이른바 권력형 범죄가 끊이지 않았던 건 지울 수 없는 역사로 남는다. 안 그래도 만연한 아전들의 횡포와 화학 반응하여 민중의 정치적 불만을 승화·확장시키기 더없이 좋은 단서였다. 철종조의 다음 기사가 좋은 예다.

> 의금부에서 아뢰기를, "청컨대 죄인 이태형·도유화를 모두 다시 엄중히 형신하여 기필코 실정을 알아내게 하소서." 하니 하교하기를, "남아·북시는 서로 통하여 알아서는 아니 될 금령이 있는데도 거리낌 없이 보통으로 왕래하면서 정망政望을 도점圖點하는 계획이 있기에 이르러 전설이 낭자하니 지극히 통탄스러워 한심함을 깨닫지 못하겠다. 비안현감 조석주에 이르러서는 뒷구멍으로 내시들과 인연하여 함께 수작한 것은 사부로서 행할 일이 아니니 먼저 태거하여 전려로 쫓아 보내고 두 환관은 한 차례 엄중히 형신하

96 순조 1년·辛酉年 9月 18(壬辰)日, 『조선왕조실록』【태백산사고본】3책 3권 41장 B면·【국편영인본】47책 407면.

여 도배하도록 하라." 하였다.[97]

국운의 소멸을 자각한 군왕은 마침내 모든 과오가 자신에게 있음을 밝힌다. 그 뜻이 너무나 결연하고 책임의 폭이 넓어 액면 그대로 읽기에는 자학의 정도가 심한 지경이다. 모든 것이 최고 권력의 탓임을 자인할망정, 돌이키지 못할 상황과 나빠져만 가는 나라의 조건은 왕의 말을 더욱 메마르게 한다. 왕은 궁녀와 내시의 기강이 해이해진 원인이 자신의 단속무능과 힘의 한계에서 비롯된 것임을 자인한다. 뿐만 아니라 군인들과 안전의 궁핍함도 자신의 죄라고 책망한다.

앞서 밝혔듯, 조선의 몰락이 아전의 부패와 발호에서 시작된 게 사실이라면 군대와 궁녀는 물론 내시들의 준동 역시 원인이 되지 말란 법 역시 없었을 터다. 거대현상의 배양과 숙성을 따지자면 어찌 소소한 이유들의 기여 정도와 문제의 작동과정을 배제할 수 있겠는가마는 무수한 독립변수들의 무게와 부피를 따짐은 물론 상관성의 분석마저 생략하고 보면 결정론의 오류는 늘 따라다닐 것이다. 큰 결과의 작은 원인을 밝힐 획기적 계기가 줄곧 약하였음도 지적하지 않을 수 없다.

97 철종 3(1852)년·壬子年 7月 8(丙辰)日, 『조선왕조실록』【태백산사고본】3책 4권 6장 B면·【국편영인본】48책 576면.

고종 역시 이 점을 절감하면서 '터럭'의 중요성을 지적한다. 그가 토로하는 다음 내역들이 모두 국가붕괴의 적실한 원인이라 하더라도 그것은 결국 주변부 벼슬아치들은 물론 민중 개개인의 역량을 돌아보게 하며 미미할망정 그들 각자에 대한 정치적 원망까지도 엿보일 정도다. 견디기 버겁게 밀려드는 책임의식과 왕조 해체의 위기를 흔쾌히 뒤엎지 못할 군왕의 처지를 감안하면 지적과 고백은 이해 못할 바 아니다. 하지만 모든 걸 자신의 문책으로 이겨내려는 무모함은 정치적 감상주의로밖에 보이지 않는다. 양요와 개항, 군란과 정변, 농민전쟁과 청일전쟁, 개혁과 사변, 노일전쟁과 합방으로 이어지는 왕조해체 전사前史에서 왕의 능력과 존재의 이유는 하나였던 까닭이다.

> 하유하기를, "왕은 다음과 같이 말한다. …· 대궐에 대한 단속이 엄하지 못하여 궁녀와 내시들이 은택을 바라게만 한 것도 나의 죄이다. 뇌물이 공공연히 성행하며 탐오하는 자들이 징계 받지 않고 가난한 백성들의 고통스러운 정상이 위에 보고 되지 않은 것도 나의 죄이다. 저축이 오랫동안 텅 비었으며 군사와 아전들을 먹여주지 못하고 공가를 오랫동안 주지 못하여 시정이 폐업한 것도 나의 죄이다. 여러 나라들과 우호관계를 가지는 것은 바로 시세의 요구인데 조치가 방도를 잃어 한갓 백성들의 의혹만 더하게 하였

으니 이것도 나의 죄이다. 이 뿐만 아니라 귀신이 노하고 사람이 원망하여 온갖 변고가 쏟아져 나와 아랫사람이 윗사람을 능멸하고 재변이 육친에까지 미치게 됨으로써 멀리 중국에까지 근심을 끼쳤고 아래로는 민백성들을 소란스럽게 만들었으며 이웃 나라에 신의를 잃고 천하의 웃음거리가 되었으니 이 또한 나의 죄인 것이다. 아! 나의 죄가 이 지경에 이르렀으니 무슨 면목으로 온 나라의 신민들을 다시 대하겠는가? 슬프고 부끄럽고 두려워서 실로 임금 노릇하는 즐거움이 없다. 너희 대소인민들은 내가 종전의 과오를 버리고 스스로 새로워지는 것을 허락하려는가? 내 이제 마음을 깨끗이 씻고 전날의 교훈을 살려 앞으로는 조심하겠다. 백성들에게 불편했던 종전의 정령들은 다 없애버리고 어진 관리들을 골라 백성들을 다스리게 할 것이며, 실효 있는 방법을 강구하여 온 나라 사람들과 함께 다시 새롭게 시작하려고 한다. 너희들도 마땅히 제각기 노력할 것이며 훌륭한 계책을 많이 고해 주어야 할 것이다. 의견이 설사 부합되지 않더라도 호되게 책망하는 일은 결코 없을 것이다. 만약 종전의 과오를 고치고 함께 나라의 기초를 지킨다면 종사의 다행이 될 것이다. 이번에 난을 일으킨 역도들을 토벌함에 있어서 극단적인 무력을 행사하지 않고 나머지 무리들을 용서하였으며, 이제 대사령을 나라에 실시하여 다함께 새로운 출발을 하게 될 것이다. 내가 과오를 뉘우치고 있는 형편에 무슨 여가로 남을 책망하겠는가? 아! 나라가 흥하는 것도 언제나 여기에 있고 나라가 망하는 것도 언제나 여기에 있다. 안위의 기미는 터럭 하나처럼 작은 데 있으니 어찌 경계하지 않을 수 있겠는가? 이에 마음을 터놓고 고하는 바이니 잘 알아들었으리라 생각한다." 하였다.[98]

급기야 민란과 의병활동이 들불처럼 번지고 지식인들의 상소가 줄을 잇는 가운데 벼슬 없는 민간 유생들이 진술한 개혁안까지 올리는 상황은 위기의 화석화 단계로 집약될만하다. 게다가 나라의 폐단을 고칠 온갖 방책 가운데 궁녀와 내시의 정원을 축소해야 한다는 제언까지 들어야 하는 왕이었고 보면 당대의 정치적 모습은 상상하고도 남음이 있다. 이 같은 제언이 하필 맨 마지막에 실린 다음 상소는 그래서 정치적 무게를 더한다.

충주의 유학 김익룡이 올린 상소의 대략에, " …· 지금 폐단을 구제할 수 있는 계책으로는 아래와 같은 20개 조항이 있습니다. 첫째는 기강을 세우고 명분을 바로잡는 것이며 둘째는 사치한 기풍을 막고 검박한 덕을 숭상하는 것

98 고종 19(1882)년·壬午年 7月 20(甲辰)日, 『조선왕조실록』【원본】23책 19권 46장 A면·【국편영인본】2책 57면.

이며 셋째는 무비를 튼튼히 하여 뜻밖의 사변을 방지하는 것입니다. 넷째는 인재를 골라 적당한 직책을 맡기는 것이고 다섯째는 탐관오리를 징벌하여 백성들에게 원망이 없게 하는 것입니다. 여섯째는 서원과 사우를 복구하여 의리를 밝히는 것이고 일곱째는 늙은이와 어린이는 줄여 군오를 충실하게 하는 것입니다. 여덟째는 유민을 금지하고 농상을 가르쳐 주는 것이며 아홉째는 뇌물을 막고 관리들을 청렴하게 하는 것이며 열째는 시골에서 인재를 추천하게 하여 인재등용의 길을 넓히는 것입니다. 열한째는 문치를 숭상하고 언로를 여는 것이며 열두째는 부세를 가볍게 하여 백성들의 근심을 없애는 것이며 열셋째는 백성들을 속이지 말고 법령을 제대로 시행하는 것이며 열넷째는 정학을 장려하고 이단을 물리치는 것이며 열다섯째는 과거제도를 엄하게 하여 선비를 공정하게 뽑는 것입니다. 열여섯째는 대궐을 엄격히 단속하여 명령이 새지 않게 하는 것이고 열일곱째는 재정을 절약하고 각각 자신의 직업에 안착하게 하는 것이며 열여덟째는 무당을 금지하고 액막이를 없애는 것이며 열아홉째는 사찰을 폐쇄하고 승려들을 귀농시키는 것이며 스무째는 궁녀와 내시를 줄이고 궁궐에 폐단이 없게 하는 것입니다. 엎드려 바라건대 이것을 명심하고 자책하여 폐단의 근원을 구제하소서." 하니 비답하기를, "진달한 여러 조항들은 현재의 폐단을 정확히 지적한 것이며 20개 조항의 폐단을 구제하는 대책들은 모두 오늘날 듣고 싶던 바였다. 그대는 벼슬이 없는 선비로서 과감히 의견을 제시하였으니 매우 가상한 일이다." 하였다.[99]

내시직이 폐지된 것은 이로부터 15년 후다. 그 계기는 갑오경장으로 제도로서의 내시가 완전히 사라지는 건 고종 34년(1897)의 일이다. 하지만 그것이 비단 지식인들의 상소나 관료들의 주청에 따른 결과였다고만 보기는 어렵다. 구조적 변수들이 서로 작용하고 직능 자체의 정치 행정적 필요가 소멸되는 근대화의 압박이 가시화한 건 당연했기 때문이다. 혁명이란 채널을 통하진 않았어도 평등과 자유를 향한 민주화의 거대조류가 이미 돌이킬 수 없이 발동된 데다 식민지를 요구할 정도로 강력한 군사적 충격이 기왕의 제도적 관행이나 문화를 지탱할 수 없도록 교란한 이른바 폭력의 정치구도가 측근정치나 잠행권력의 존치를 용납할 수 없었던 것도 사실이다.

내시 논의의 갈무리를 위해 더 생각해 볼 쟁점 대상은 뭘까. 제도 권력의 압박과 의심은 물론 세상의 홀대와 왜곡된 관심에도 불구하고 오랜 세월 명맥을 이어간 내시권력의 정

99 고종 19(1882)년·7月 25(己酉)日, 『조선왕조실록』【원본】23책 19권 48장 A면·【국편영인본】2책 58면.

체성은 그렇다면 어떻게 윤곽을 잡을 수 있을까. 원시적이며 단순하게 이를 환원시켜보자. 조선사회에서 내시가 되려 한 남성들의 정치적 목적은 무엇이었을까. 이들 물음에 대한 적합한 답 또한 집권세력에게 기대하긴 어려웠다. 직능과 역할을 핑계 삼은 그들의 노동력은 아쉬웠지만, 무의식적 억압과 치열한 의심에서 비롯되는 의도적 견제의 틈새에는 도저히 메우지 못할 상호 원망과 빈축의 갈등구조가 양산된 게 사실이기 때문이다.

내시제를 절박한 삶의 방편이나 생존도구로 삼으려는 자의 최후적 선택으로 보는 건 자연스럽지 않다. 하기야 일부러 고환까지 잘라가며 내시가 되려 한 자들이 엄연했던 조선이다. 하지만 오갈 데 없이 성불구자로 살아야 할 한 인간의 신분이동과 수직상승시도는 절박함을 단숨에 권력으로 전환할 정치적 선택치고 혹독한 고통비용을 요구하는 일이었다. 그것은 선택이자 누림의 길이었다. 원한다고 다 가질 수 있는 삶은 아니며 걷는다고 누구나 다다를 길 끝은 아니었지만, 내시는 엄연히 왕조사회의 직업정치를 돕고 생활인으로서의 예외적 적응력을 뽐낼 수 있었다.

그러나 그마저 시대의 격변과 역사단절로 강제 해체되는 현상은 어쩌지 못할 자연스러움이다. 결국 센티멘털리즘을 넘어서는 왕조의 소멸만큼이나 내시권력의 기운과 그 성격에 남은 눈길이 모이는 까닭은 저 슬픈 남성들이 무릅쓴 핍박의 세월이 단순한 시간의 퇴적층이 아니기 때문이다. 독자세력으로 스스로를 정치화한 역사는 성적 콤플렉스를 이겨내기 위한 단순한 인내나 극복 절차가 아니었다. 한과 울기를 일거에 날릴 출구의 궁리를 통해 권력조율과 자기자원화의 정치력을 쌓을 내공 없인 꿈꾸지 못할 길이었다.

권력의 자가발전은 결국 권력으로 인한 예상이익과 그에 따른 부가가치를 염두에 두지 않고선 생각조차 못할 과업이(었)다. 집착과 열정, 견제와 경쟁, 모함과 편승, 도태와 복귀 등 다양한 상황을 견뎌낼 능력과 결정적 승기乘機를 지속적으로 관리하지 않고는 꿈조차 꾸지 못할 살벌한 노동임도 역사는 곳곳에서 증언한다. 권력은 그처럼 소유와 지탱이 손쉽지 않은 쟁취대상일 뿐 거저 얻거나 마음대로 내다버릴 것도 아니었다. 실체 없는 힘을 갖고 있다고 자신할망정, 잃거나 사라져버리는 것임을 절감하는 계기도 본디 순간인 법이다.

내시권력은 자신이 모시는 군왕과의 물리적 거리에서 배양된다. 일단 숙성된 권력을 유지하는 능력은 그 자체로 치열한 정치행위였다. 복잡한 국면 돌파는 물론 치밀한 판단과 민첩한 계산 없이 힘의 지탱은 지난했다. 하지만 전에 없이 강력한 복종 의지로 왕을 움켜잡을 기운은 그에 앞서는 필생의 자원이었다. 굽히며 엎드리지 않곤 설 수 없었다.

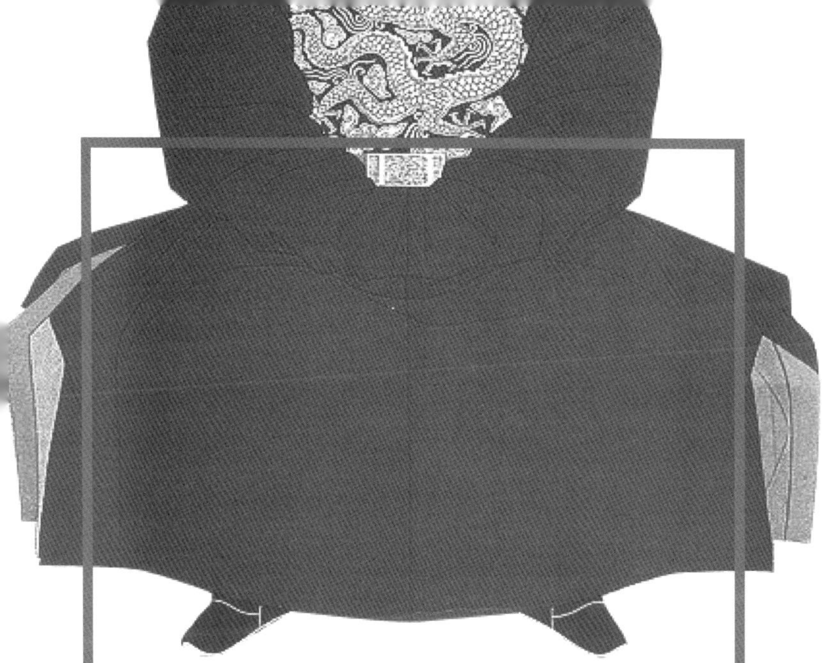

IV.

보조권력의 '굽힘'과 통치세력의 정치적 의존 : '큰 힘'을 지배하는 '작은 힘'

자기 자신을 정치자원화하는 힘은 여간해선 얻기 힘든 재주다. 타고날 수도 있고 살며 배양할 수도 있는 그 힘은 약이자 독이다. 힘은 힘을 낳게 마련이고 조율은 물론 자제력으로 다듬지 않으면 언제든 누구든 베거나 찌를 칼이 되는 까닭이다. 그로써 훌쩍 커버릴 수 있지만 어디서든 스스로를 죽일 기운마저 품는다는 점에서 권력의 핵은 늘 폭력이다. 왕 가까이서 비위를 맞추고 의향을 간파함은 물론 행위의 미래마저 가늠하거나 점칠 수 있는 힘은 그 자체로 권력이기 충분하다. 최고 권력의 물리적 향배와 의중을 헤아리려 숱한 이들이 내시들을 의식한 것도 그 때문이다. 거기서 우쭐댐이 싹텄고 만용과 교만의 줄기가 자라난 것도 말리지 못할 이치다.

자신만이 해낼 수 있다는 역할의 예외성이나 끝내 그 행적行績가치가 더 큰 이익을 예감케 할 때, 대단한 기운이라도 서려있는 양 스스로 마비되는 현상도 역사가 일깨운 가르침이다. 홀로 크고 홀로 죽어가는 순환과정으로 권력사權力史를 재구성하는 작업은 결국 그 같은 정치교육적 메시지가 있어야만 가능했던 터다. 하지만 상대가 나보다 크며 강하다고 여길 즈음이면 권력이 짐이 되는 일은 좀체 드물다. 권력이 권력일 수 있는 때는 약하기 그지없다고 절감한 자신에게도 뒤따르려는 누군가가 모여 어느덧 세를 이뤄가고 있음을 자각하는 순간부터다. 힘이 힘으로 작동하는 계기란 휘두를 상대와 굽힐 군상이 전제되지 않고선 마련되기 힘들다는 표현도 그래서 가능하다.

더 엄격히 말하자면 상대 없이는 늘 확인 불가능한 관계개념이 권력이다. 복종의 진정성까진 모르더라도 조아리고 굽히려는 상대의 물리적 의지만큼은 확실할 때, 그(녀)의 자세낮춤은 자신의 격을 높여주는 강력한 유인요소가 된다. 높고 낮음을 신분제도가 심어놓은 당연한 문화나 운명론적 차별의 결과로 인식하는 건 곧 봉건적 사고의 전형이다. 전근대 민중의 사회적 역할이나 정치적 기능이 분화되지 않았다는 핑계를 들어 권력행사와 그에 따른 영향력 확장의 가능성마저 폐쇄적으로 인지하는 것은 그래서 바람직하지 않다.

왕조사회의 가치배분을 위한 제도적 강제와 부수적 권위의 집중이면 몰라도, 계급의 높낮이나 불평등마저 불가피한 현상으로 받아들이려는 건 결국 패배주의에 익숙한 인간군상의 나약함을 고스란히 드러낸다. 신분제도를 수용하기에 앞서 본원적이거나 선험적 차별을 인정하는 건 따라서 비이성적 편견과 불합리한 독선을 대변한다. '높아서' 높은 자는 본디 없으며 '낮아서' 낮은 사람 역시 존재하지 않는다.

'높고 낮음'은 자발적 굽힘, 아니면 강제적 복종 없이 따지지 못할 사회적 허상이다. 게다가 정치적 환영幻影이 만든 허구적 결과다. 중앙권력의 집행과 반복 관행이 내시의 위상을 도드라지게 하는 이치는 아전들에게도 그대로 되풀이된다. 그건 곧 그들이 힘이 없을 것이란 예상과 일상의 편견을 손쉽게 뒤집는 정치역량으로 스스로를 곧잘 무장하기 때문이다. 그들이 정치적으로 강한 까닭은 중앙권력과 지방권력을 집행·관장하는 최고결정권자와의 물리적 거리감에서 비롯된다는 게 여기서의 일관된 입장이었다.

군왕과 수령을 능멸할 정도의 힘이나 체제전복을 꾀하여 새로운 세상을 만들만큼 강한 권력을 창출할 리 없지만 아전과 내시의 권세는 정작 그들이 떠받드는 윗사람들로 인해 가능했고 면식과 근접조우의 기회만큼 위험했다. 클 수도 있고 사라질 수도 있는 극한의 가능성이 항시 열려 있음은 보조권력 집행자들 보편의 고비용·고효율 정치의 한계를 잘 말해준다. 지방행정의 흐름을 좌우하고 횡령과 착복은 물론 부정을 일상화한 아전들이나 군왕의 표정과 거동만 보고도 왕실의 내일을 내다볼 역량으로 넘쳐난 내시들은 무슨 일을 어떻게든 '하게 할 수' 있었다. 게다가 아무리 궁리하고 독촉한들 집권세력들로 하여금 '하지 못하게 할' 도저함 역시 독점하고 있었다.

신분의 높고 낮음이 인간관계의 허구적 상대성을 강화하듯, 정치적 강약의 화두는 인습적 약자의 강고함을 한번 더 생각하게 만든다. 앞의 논리를 빌리면, '약해서 약한' 인간은 없고 '강해서 강한' 이들도 찾기 힘들다. 복종하는 자들과 적어도 예의와 도리를 갖춘 추종자들 없이 권력은 무의미하며 굽힘과 따름 없는 호령이나 한쪽으로만 치닫는 호통이 이내 무색해지는 이치도 여기서 확장된 교훈이라 여기면 틀리지 않는다.

그렇게 보면 권력의 자원은 부리려는 자 본인의 능력과 기세로만 국한되지 않는다. 그것은 아주 가까이에 있는 타자 혹은 주변인의 복종에서 비롯된다. 복종이야말로 권력형성의 핵심자원이 된다는 뜻밖의 사실은 그러나 자주 잊힌다. 적은 결국 아주 가까이에 있고 배반과 변절의 계기도 허망하리만치 정겨운 바로 등 뒤 인사들로부터 시작된다는 사실을 인지하는 일은 새삼 중요하다. 뿐만 아니라 무슨 일이든 이룩하게 하는 것만이 힘이 아니라 어떻게든 하지 못하게 꾀를 부리고 덫을 파는 재주도 권력 이상의 자원이자 정치적 생활세계의 가치다.

조선 내시들의 권력이 정치화하는 역사의 흐름을 보노라면 더도 덜도 없이 정치권력의 이론적 논쟁이 떠오르는 것도 그 때문이다. 특히 권력엘리트이론이 다원론자들의 비판에 부딪히고 이후 다원론의 단점이 새로운 엘리트이론으로 수정, '무의사결정론'이라는 관점으로 보강·극복되는 절차가 새삼 도드라지는 건 여기서 눈여겨보아야 한다. 20세기 후반에 등장·발전한 서양의 이론체계와 논쟁기반을 그보다 훨씬 오래 전인 조선의 세습군주체제와 왕조의 국가운영에 적용·대입하는 작업은 그 자체로 상당한 논쟁의 불씨를 안을 터다.

그러나 왕조사회의 비민주적 권력행사와 봉건질서의 합리화 과정 속에서도 정치권력의 복합성은 공존하고 있고 이론의 발전과 분화에 걸 맞는 현상들이 엄연했다는 데 주목할 것이다. 막강한 힘을 행사할 것처럼 보인 조선의 군왕은 의외로 약했다. 관리들의 강력한 견제는 물론 체제 내부자들의 치열한 경쟁 탓으로 고독한 자기정치 틀에 얽매일 수밖에 없었기 때문이다. 이에 유념하면 파워 엘리트의 정치적 허구성과 인습적 우월론 역시 면밀히 천착해볼 필요가 있다.

그럼에도 불구하고 조선의 왕은 국가최고의 권위이자 권력의 독점주체로 온갖 책임을 지며 최종 결정권자로 군림한다. 정책구상과 논쟁의 회부는 물론 집행과 수정의 최종권한을 장악하며 심지어 죄와 벌의 재결권까지 아우른다는 점에서 형식적 권능과 힘의 부피로는 서양의 절대군주를 능히 연상시킬 정도다. 다만 이 같은 권한의 외형이 세상의 변화나 국리민복을 당장 담보할만한 힘으로 넘쳐나고 있었는지는 지극히 회의적이다. 선왕의 결정과 판례로서의 적실성까진 그만두더라도 관례와 법도에 어긋나면 고위 관료들의 사정없는 반대와 격정적 비판이 뒤따랐고 그로써 멈칫거려야 했던 군주의 숱한 번뇌와 고민의 현장에서 강한 자는 왕이 아니었다. 죽기로 작정하며 거듭 반론을 제기하는 벼슬아치들의 힘이 드센 적도 적지 않았던 까닭이다.

강하리라 여긴 자는 되레 약하고 취약할 것이라 믿었던 권력 주변은 오히려 막강한 견제와 균형도모의 정치적 주체로 거듭나는 조선 조정의 권력장은 파워 엘리트와 권력의 다원성[100]을 너끈히 집약한다. 권력의 얼굴은 보이는 게 전부가 아니라 음험하고 극히 사적이며 이마저 공적인 핑계를 만들어 은폐하거나 속내를 드러내지 않아도 좋을 만큼 다양한 구실 마저 궁리한다는 점에서 그 민낯은 더없이 엉큼하다.

100 왕조사회의 권력 메커니즘을 들여다보는 이론적 창으로 이 단어가 주는 의외적 생소함이나 시의적 부적절성 때문에 스스로 발목 잡히진 말 일이다. 다원적 사고는 비록 근대 이후의 것이지만, 반드시 현대의 전유물은 아니며 어느 시대나 사람들의 생각 차이에 따라 가능한 인식 방법이다.

역사적 사실들을 오늘의 이론으로 따져보는 일은 흥미로우면서도 생소하다. 우선은 역사 속 현상이 오늘의 이론으로 재단·분석하기 힘들 것이란 편견 때문이다. 나아가 과거는 과거에 걸맞을 별도의 잣대가 필요하리란 또 다른 상상이 불편한 까닭이다. 하지만 이론의 형성시기와 관계없이 역사는 때로 놀라운 적용대상이며 그만큼 강한 탐구의 적실성을 보장한다. 특히 여기서 살피려는 은밀한 권력과 내시의 관계는 권력이론의 전개와 논쟁의 숙성과정에서 높은 상관성을 지닌다.

그러나 여기서 저 방대한 논쟁의 마디마디를 다시 소환할 필요까진 느끼지 않는다. 하나를 따지기 위해 모두를 부르는 일은 무의미하며 이론사의 근거를 밝히려 논쟁사의 얼개마저 낱낱이 따져봄은 효율적이지 않기 때문이다. 다만 은밀한 권력사용을 통한 무결정 유도나 막후권력의 실질적 영향력이 파워 엘리트론의 고전적 강점이나 권력을 작고 낮게 보는 다원론의 약점을 보완한다는 사실은 여전히 중요하다.

김구섭은 이렇게 정리한다.

> 권력은 공개적으로overt 사용하는 권력과 은연중에 내밀히implicit 사용하는 권력으로 나눌 수 있다. 정책결정에서 행사하는 공개권력과 달리 은밀히 발휘하는 권력은 직접 관찰할 수 없다. 이런 권력은 보유자와 영향을 받는 사람

사이의 맞상대 문제일 뿐, 드러나는 실체는 아니다. 그러나 정치학에서는 흔히 집단갈등연구가 주류를 이루어 겉으로 드러난 '권력-복종' 관계에만 관심을 기울여 왔다. 반면에, 내밀히 사용하는 권력은 전반적으로 무시해왔다. 드러난 공동체권력에 의해 공공연한 갈등과정을 거쳐 결정한 것보다 암묵적 권력으로 특정 사안의 정책결정 진입을 사전에 차단하는 것과 같은 무결정성無決定性non-decision making의 권력상황이 더 중요하다. 따라서 겉으로 드러난 권력에만 의존해서 권력분배와 그것이 정치에 미치는 영향을 연구한 권력다원론은 분명한 한계를 드러낸다.[101]

이른바 권력의 두 얼굴을 주장하는 신엘리트주의(무의사결정)론이 등장함으로써 권력탐구의 지평이 새롭게 넓혀진 과정은 잊지 말아야 할 연구사다.[102] 철지난 듯 보여도 권력이론

101 김구섭, 앞책, pp. 13-14.

102 바흐라흐와 바라츠는 ① 엘리트 접근방법에 대한 다원주의자들의 비판을 정리하되, ② 다원론을 다시 비판하는 신엘리트주의를 내놓는다. 그들은 '보이지 않는 힘'을 행사하여 실질적으로 중요한 정책의제를 거론조차 못하게 아예 막아버리거나 기존 엘리트의 이익에 맞는 이슈들이 등장하는 관행을 설명한다. 따라서 정책결정과정을 과학적으로 분석하려면 '보이지는 않지만' 권력의 양면성을 증명해야 한다고 강조한다. 과거의 엘리트론자들은 사회권력구조가 철저하게 계층화하여 자원 역시 불평등하게 분포되어 있다고 본다. 즉, 소수 엘리트집단은 그들만의 특수이익을 우선 고려하는 결정을

이 이처럼 형성·분화·발전하기 훨씬 이전부터 파워 엘리트의 의중에 맞춰 특정 사안을 의도적으로 왜곡하거나 논의절

내린다. 이 같은 정책결정은 권력구조에 순응하는 일반대중에 의해 수용된다. 그로써 세상의 이슈는 소수지배집단의 이해관계와 맞아 떨어진다. 하지만 다원론자들의 비판은 새롭게 이어진다. 그들은 ① 권력구조를 서열화할 수 있는 기준은 없으며 ② 앞의 권력구조를 인정하더라도 그 관계는 시간에 따라 변하고 ③ 엘리트주의의 실질권력행사와 명성권력을 같은 것으로 이해하는 건 틀리다는 것이다. 다시 말해 권력은 계층화된 것이 아니라 복잡하게 분산되어 있고 분야별로 형성되는 엘리트는 구성이 복합적이며 영향력 행사방향도 모두 다르다. 정책의제는 엘리트 집단관계에서 영향을 받고 기존의 이해관계와 균형을 유지하려 든다. 집단 간 갈등은 선거과정을 통해 해소되며 권력의 소재보다는 권력행사과정에 집중한다. 하지만 다원론의 단점은 비교적 명확하다. 정책이 특정계층에게만 유리하도록 이슈를 제한하는 권력의 성격을 제대로 설명하지 못한다는 것이다. 즉, 다원론자들은 정책의제로 등장하는 이슈들만 중요 의제로 내세우기 때문이다. 신엘리트주의는 '보이지 않는 권력'마저 분석함으로서 다원주의의 한계를 보완한다. 크게 보면 엘리트들은 자신들에게 불리한 대중의 요구를 저지, 차단한다. 여기서 '투입의 좌절'이 엘리트들에 의해 일어난다. 공중의제가 정부까지 투입되지 못하는 것이다. 사실상 정책결정 전체과정에서 무의사결정이 일어날 수 있다. 그 수단은 폭력이나 혜택박탈 뿐 아니라 간접수단을 사용하며 권력이나 편견의 동원·수정·강화에 호소하기도 하고 경제성장우선이나 환경문제를 내세워 대중들의 요구를 무시하기도 한다. 이에 대해서는 다음 참조할 것. http://www.columbia.edu/itc/sipa/U6800/readings-sm/bachrach.pdf; Peter Bachrach and Morton S. Baratz, "Two Faces of Power," *The American Political Science Review*, Vol. 56, Issue 4 (Dec., 1962), pp. 947-952. 이처럼 무의사결정은 정책의제설정에서 지배엘리트의 이해관계와 일치하는 사회문제만 의제화한다. 의사결정자(지배엘리트)의 가치나 이익에 대한 잠재적이거나 현재적 도전을 억압·방해 또는 방치하는 결과를 초래하는 의도적 무결정에 주목하는 것이다.

차 자체를 생략·차단하는 일은 세습군주체제에서 이미 다반사였다. 조정뿐만 아니라 지방에서도 얼마든지 준용·반복할 사단이었다. 이제라도 주목해야 할 또 다른 이유다. 권력의 자의성과 이를 사전 감지하는 추종자들의 동물적 감각이 화학적으로 결합할 때, 그래서 언로의 굴절이나 여론의 왜곡은 물론 중앙과 지방의 권력운용에서 최고결정권자의 의사만 좇는 형국은 '알아서 기기a voluntary crawling'와 기형적·자발적 복종문화의 인프라로 능히 작동한다.

내밀한 권력이 밝게 드러난 자신의 외피를 자랑하거나 과장하는 일은 정치의 세계에서 흔한 모습이다. 오로지 백성만을 위해 군왕이 존재한다는 명분논리가 집권근거가 되는 것도 봉건체제의 정치적 일상에서는 전혀 이상하지 않다. 안 그래도 넓고 크기만 한 국가는 보이지 않는 기획력과 집행력으로 자신을 신비화할 기운마저 쌓고 있었던 터다. 그렇다면 조선의 국가체계를 이끈 자들의 이면裏面 권력과 막후의 무결정성을 반증할 확연한 근거는 뭘까. 그 획기적 증거나 기록은 대체 발견 가능한 걸까.

정치권력의 음험한 속내를 진솔히 고백하는 나라는 세상천지 어디에도 없다. 아니, 이를 기대한다는 것 자체가 모순이다. 이를 인정해버리고 나면 집권명분은 순간 사라질 뿐 아니라 그날 이후 권력의 행사도 극히 취약하게 됨은 예측하고도 남음이 있다. 그래서 권력은 고백의 대상이 아니라 집행과 과시를 본질로 삼는 공적 교만이다. 그리고 제도화된 독선 the institutionalized dogma이다. 아무리 공정한 사관이라 한들, 정책구상과 집행 동기는 물론 최고 권력이 애써 끌어안고 숨기려드는 민감 부위를 액면 그대로 기록하긴 어려웠다. 평가의 엄정함과 시각의 중립성을 지탱하기 위해 지나치리만큼 치열했지만 사람만 보며 그(들)의 행적과 인간성을 좇았던 까닭이다. 결국 내밀한 권력이란 궁극적으로 사관들조차 감지할 수 없는 도저한 기밀 아니면 아는 자 스스로 무덤까지 안고 가야할 사안이다.

그러나 주변 권력의 방자함과 교만이 이를 입증할 역설의 정치자원이 되고 있음은 아무리 강조해도 지나치지 않다. 그것은 권력의 무결정성이란 숨은 그림을 찾기 위한 밑그림이자 중요한 단서들이기 때문이다. 이를 방증하는 집약적 근거들로 다음 표는 조선 내시들의 비일상적 행적을 집권기별로 체계화시켜 본 것이다. 앞서 지적하였듯이, 군주를 에워싸고 측근정치를 추구하는 내시들의 정치적 기고만장氣高萬丈은 왕실권력의 재생산과 안정적 지탱은 물론 자기 권력의 지속적 확장에 따른 예견된 결과로 역사의 공분公憤을 산다.

그들 가운데는 군왕에게 입바른 말을 하여 죽음을 자초하거나 전쟁 와중에 군주를 성의껏 보필하여 물리적 안위를 책임지려는 충직한 이들도 있었지만, 대부분 정보의 독점과 왜곡된 업무처리로 스스로 징치대상이 된 경우다. 자신의 은

<table>
<tr><th>군왕</th><th colspan="4">〈실록〉에 나타난 내시의 문제 행적</th></tr>
<tr><td>태조</td><td colspan="4">金師幸(廣大)·曹恂 : 여말선초의 굴신성·개국공신</td></tr>
<tr><td>태종</td><td colspan="4">朴子靑 : 권력남용 / 朴文實 : 관료능욕 / 金完 : 권력남용 / 金海 : 유배 중 수령접대수용 / 尹興阜·尹德興 : 업무태만</td></tr>
<tr><td>세종</td><td colspan="4">盧希鳳 : 왕명출납 착오 / 嚴永守·金海·陸英生 : 유배 중 수령접대수용·기강해이 / 兪實 : 근무기강 해이 / 鄭根 : 재량권 남용 / 崔浥·田畇 : 인사 개입</td></tr>
<tr><td>문종</td><td colspan="4">嚴自治 : 군왕 호위업무중복</td></tr>
<tr><td>단종</td><td>安平派</td><td>金忠·李貴·印平·柳臺·尹奇·朴閏·金得祥·吉由善·崔粲·曹熙·徐盛代 : 교형·家産籍沒 / 崔濕·朴恭·李春·鄭福·鄭存·劉進·文漢·文仲善·金革·柳漢·金潔·吳栗山·安遇祥·黃思義·李潤·韓存·李孝智·朴存壽·李崗·吳善·黃敬之·崔涔·金從直·金德恭·金處善·崔致敦·李貴存·徐義·化繼山·金治·李得茂·金得孫·崔碩江·姜希敬·金孝孫 : 告身收奪·本鄕付處 / 嚴自治 : 告身收奪·功臣籍 削除·家産沒收</td><td>首陽派</td><td>田畇·嚴自治(後日 처신 변경)</td></tr>
<tr><td>세조</td><td colspan="4">李得守 : 왕명출납 과오</td></tr>
<tr><td>성종</td><td colspan="4">曹疹·金萬壽 : 직분에 합당하지 않은 학술교육 받음 / 李孝智 : 반당[103] 지급요청 / 申雲·金孝江·安仲敬·柳漢·金處善·尹繼謙·申浚 : 당상관 除授 / 李存 : 범법</td></tr>
<tr><td>연산</td><td colspan="4">金順孫 : 왕명출납 과오 / 金子猿 : 권력남용 / 金處善 : 취중 군왕질책</td></tr>
<tr><td>중종</td><td colspan="4">廉仲孫 : 지방관 접대수용 / 金繼恭 : 西班관직 除授 / 朴仁孫 : 명령 未遂후 再敍用 / 金石京 : 권력남용</td></tr>
<tr><td>명종</td><td colspan="4">朴漢宗·文繼宗 : 권력남용 / 盧允千 : 행정집행 개입 / 崔漢亨 : 왕명이행 지체·태업 / 朴世謙 : 권력남용 / 盧益謙·金應昌 : 군왕의 加資連累</td></tr>
<tr><td>선조</td><td colspan="4">周泰文 : 권력남용 / 金湧海·李繼榮·林福·金起文 等 23名 : 壬亂戰功</td></tr>
<tr><td>광해</td><td colspan="4">閔希蹇 : 권력남용 / 朴邦實·崔忠洽·蔡彦俊·吳大邦·鄭興邦·金師德·李安邦·宋商俊 : 凶書事件 連累</td></tr>
</table>

인조	韓汝琦 : 物貨 밀무역 모의 / 裵希度 : 역모 시도 / 朱希聖 : 院吏에게 욕설과 질책 / 鄭應星 : 형벌 과잉집행
현종	崔大立 : 경상감사 李尙眞 배척·모욕
숙종	金就旻·安就昌 : 권한남용 / 金鉉 : 사익추구 / 趙希孟·李順修·陸後立 : 기녀 대동 유희·樂人들과 酒宴
경종	朴尙儉·文有道·崔泓·朴載遠·金九俊·金夢相·咸熙春 : 廢世弟 사건결탁 / 張世相·高鳳獻·宋相郁 : 군왕 危害告變 連累
영조	鄭重明 : 兵判 金在魯 無視 후 罷職 / 賓大寬의 아들 林德勳 : 士族에게 求婚·內侍簿 삭제 / 安國來 : 私利 추구 / 孫荊佐 : 政變 모의
정조	安國來·李景聃·金壽賢·金應澤·李德秀·閔德泰·韓景勛 : 謀反 참여 / 徐完世 : 山訟개입 권력남용 / 李世曄 : 訟事憑藉 기강 해이
순조	朱世章 : 孽屬 尹行熙와 친교

〈군주집권기별 조선 내시의 문제 행적 ; 『실록』 기준〉

밀한 역할과 집요한 일처리가 정치현실을 바꿀 경우, 궁극적으로 권력이 자기 것이라 착각한 까닭이다. 군왕과 왕실의 허물을 용납하지 않는 집권세력들의 비판과 간원의 정치적 압박을 늘 의식해야 하는 최고 권력의 입장에서야 힘의 중심을 자기 쪽으로 공고히 하고자 애쓴다. 그러려면 지속적 관리와 안전판의 장악은 필수였다.

103 伴倘 : 왕자·공신·당상관의 신변을 보호하기 위해 나라에서 내리는 병졸. 병조에서 위계에 따라 인원을 배정, 임명함. 혹은 한양 각 관아에서 부리던 사환使喚이나 중국 가는 사신이 자비自費로 데리고 간 종자從者를 일컬음.

이를 위해 상대의 약점을 빌미삼아 정치적으로 견제하거나 총체적 관리의 끈을 놓지 않는 것 또한 군주의 역량이다. 그처럼 얄궂고 은근한 역할의 총아가 내시인 것쯤이야 공공연한 비밀이었다. 왕실권력의 각별한 총애대상인 자가 누릴 권력크기 또한 가늠할 만했다. 심지어 역할수행과 일의 성사 여부는 되레 그 임무를 부과한 위인(들)을 약하게 만드는 함정이 되기도 한다. 그렇게 보면 비밀은 원천적으로 갖지도 만들지도 말 터였다. 하지만 구중궁궐에서 그게 도무지 불가능하다는 걸 감안하는 한, 정치적 힘의 크기와 강도 혹은 행사 방향의 역동성이란 늘 예측불가였다. 함께 뒤따르는 덫없음 역시 그에 비례한다.

결국 그들에게 정치적 보상은 필수였다. 내시가 군주보다 더 강해질망정, 은밀한 노동의 대가는 때맞춰 지불해야 할 최고 권력의 부담이었다. 양반 관료들을 향한 오만이나 도발을 넘어 왕을 교체하려는 음모에까지 가담한 내시들의 정치화 추이를 보면 관례화된 충성만으로 미래의 복종이 담보되리라 기대하긴 어려웠다. 후한을 없애기 위해서라도 내시들을 향한 군왕의 배려는 계속되었고 그 같은 힘의 쏠림이 집권세력과의 정치적 불편함을 키운 씨앗이었음도 재론의 여지는 없다.

과거시험과 천거를 거치지 않고도 왕이 직접 벼슬을 내리는 이른바 제수除授[104] 대상이 되거나 심지어 공신책봉대상으로 내시들이 포함되는 건 그 때문이다. 뿐만 아니라 중앙의 각 사司나 청廳의 우두머리가 아니면서도 각 관아의 일을 다스리는 전문직으로 거물 내시들이 제조提調[105]에 보임된 것도 같은 맥락에서 이해할 일이다. 고급관리들마저 공신의 기회를 얻기 어려운 세상에 적잖은 내시들이 역사의 관례를 벗어나 제도 권력의 예외적 수혜대상이 된다든지, 아예 관청 우두머리로 임명되는 일은 정치적 파격치고 작지 않았다. 시기와 질투대상이 됨은 물론, 견제와 비판의 꼬투리로 삼으려 드는 집권세력의 긴장이 이따금 도를 넘는 것도 그 때문이다.

다음 두 표에 등장하는 수혜대상들 가운데 바로 위의 역사 속 문제 내시들이 중복 등장하는 것도 그들의 역할과 정치관행이 독특했음을 잘 말해준다. 은혜와 총애를 입고도 거듭 과오를 되풀이하는 경우나 징치와 처벌을 받았음에도 금세 군왕의 부름을 다시 받는 사례가 내시들에게 흔했던 것은 평소의 특별권력관계를 또렷이 반증한다. 매우 단호하거나 엄

104 제배除拜라고도 부른다. 왕이 직접 벼슬을 내리되, 옛 관직을 없애고 새 관직을 내릴 때도 제수라고 한다. 제除는 구관을 제거하고 신관으로 취임시킨다는 뜻이고, 수授는 관직을 준다는 의미다. 본디 현재 관직을 해임하고 새로운 관직을 내린다는 뜻으로 널리 쓰인다. 제수방법으로는 특지特旨·음서蔭敍·취재取才·보거保擧 등 네 가지가 있다.

105 관청 우두머리가 아닌 사람에게 해당 관청의 일을 다스리게 한 벼슬이다. 제거提擧라 통칭하기도 한다. 잡무와 기술계통의 일을 맡되, 당상관 이상이 없는 관아에 겸직 배속되어 통솔한다.

격한 듯 보여도 머잖아 용서와 망각으로 내시들의 지난 허물을 덮으려는 군왕이 명종만이 아니었던 점도 주목할 것이다. 도저히 잊을 수 없는 과오 때문에 벌을 받았지만 흔쾌히 다시 곁에 두고자 부르는 관행이 끊이지 않았던 건 '잊어야 할' 이유가 너무나 컸던 터였으리라. 잊지 않고선 지극히 곤란한 사단들 때문에라도 말이다.

<table>
<tr><th>왕대</th><th>공신호칭</th><th>성명(君號)</th><th>비고</th></tr>
<tr><td>태조</td><td>輸忠輔理功臣</td><td>金師幸(駕洛伯)</td><td>개국공신</td></tr>
<tr><td>단종</td><td>靖難功臣 二等</td><td>田畇(江川君)·嚴自治(寧城君)</td><td>안평대군사건</td></tr>
<tr><td>세조</td><td>佐翼功臣 二等</td><td>田畇(河蔭君)</td><td>原從 一等 五名, 二等 十名, 三等 十六名</td></tr>
<tr><td rowspan="2">예종</td><td>翼戴功臣 一等</td><td>申雲(興陽君)</td><td rowspan="2">南怡 獄事</td></tr>
<tr><td>翼戴功臣 三等</td><td>安仲敬(原城君)·徐敬生(峯城君)·金孝江(長川君)·李存命(陜川君)·柳漢(星山君)·李存(星川君)</td></tr>
<tr><td rowspan="2">중종</td><td>定難功臣 二等</td><td>朴仁孫(鐵川君)</td><td rowspan="2">중종반정 四等 – 文致·徐敬生·金繼恭·金叔孫·金銀·任元山</td></tr>
<tr><td>定難功臣 二等</td><td>金銀(公山君)·成胤(昌川君)·薛孟孫(安川君)</td></tr>
<tr><td>명종</td><td>推誠定難 衛社功臣 三等</td><td>朴漢宗(密城君)</td><td>명종 즉위 후,
原從功臣百餘名</td></tr>
<tr><td>선조</td><td>忠勤貞亮扈聖功臣 三等</td><td>金繼韓(延陽君)·金起文·崔彦俊·閔希騫·金鳳·金良輔·安彦鳳·朴忠敬·林祐·金應昌·鄭漢璣·朴春成·金禮楨·金秀源·申應瑞·辛大容·金壐信·趙龜壽·梁子儉·白應範·崔潤榮·金俊榮·鄭大吉·朴夢周</td><td>壬亂時 선조의 義州 護送</td></tr>
</table>

〈조선조 내시들의 공신수여 현황〉

출처 : 장희홍(2006b), 앞책, p. 197, ft. 312에서 재인용.

왕대	성명	대상	근거
태조	金師幸	文廟造成提調	『太祖實錄』卷11, 6年6月 壬午
세종	盧希鳳	司宰監提調	『世宗實錄』卷1, 卽位年 10月 己丑
세조	田畇	司饔院提調	『成宗實錄』卷38, 12年 正月 戊午
연산군	金子猿	繕工監提調	『燕山君日記』卷42, 8年 正月 辛巳
중종	林世茂	內需司提調	『中宗實錄』卷93, 35年 8月 乙亥
명종	朴漢宗	內需司提調	『明宗實錄』卷4, 元年 11月 癸未
선조	閔希騫	內需司提調	『光海君日記』卷2, 卽位年 2月 己巳

〈조선조 내시들의 제조임명 현황〉

출처 : 장희흥(2006b), 앞책, p. 200, ft. 320에서 재인용.

조선의 모든 내시들이 편치 않은 평가대상이었던 건 아니다. 사라진 역사의 인물을 오늘 살아있는 자들이 손쉽게 재단할 수 없는 이유다. 선악의 경계가 본디 무디고 애매하듯, 정치적 생활세계에서도 행적의 전말과 그에 따른 본인의 가치관 여부까지 면밀히 따져보지 않고 평가를 시도하는 것 자체가 무리라는 반론도 얼마든지 의식해야 한다. 잘못을 저지르고 돌아오는 이들도 있었지만, 멀쩡한 위인에게 혐의를 씌워 곤란한 지경에 이르는 사람들도 허다했기 때문이다. 아울러 여덟 번 잘 하다 한두 번 치명적 실수로 악인이 되는 경우의 수도 있다.

위 표의 인물들 모두가 정치적 보상을 받았다거나 그것이 은밀한 노력의 온전한 대가였다는 가설도 치밀하게 검증하자면 객관적 행적 조회와 단계별 평가를 분리 수행해야 할 터다. 하지만 한 인간에 대한 다른 한 인간의 총체적 해석뿐 아니라 이를 관통·대변할 평균값조차 도모하기란 결코 간단치 않다. 결국 좋은 내시와 훌륭한 환관의 차이가 애매하듯, 나쁜 내관과 악질적 내환의 구분도 궁극적으로는 개인의 주관 영역을 벗어나기 힘들다.

그럼에도 불구하고 책에서 주목하고자 한 근본적 사고의 원형은 '권력의 부단한 관찰과 학습은 또 다른 권력을 낳는다'는 생각이었다. 의외의 역사적 지름길은 왕조사회에서 궁리 가능했고 바로 군주 측근에서부터 배양·지탱·확장되었다는 사실은 아무리 강조해도 지나치지 않았다. 권력은 곧 의지의 소산이 아니다. 욕망의 우연한 결과는 더더욱 아니다. 경우에 따라 그것은 부단히 바라보며 하염없이 배우는 자의 것일 수 있고 최고 권력과 가장 가까이서 가장 불편한 자세로 기꺼이 몸 낮추는 자의 시늉이자 자기동일시의 신비로운 허상이기도 했다.

원한다고 왕이 될 수 없는 세상에서 왕처럼 될 수 있는 자는 왕과 매일 말하고 왕과 자주 만나며 왕의 의중과 감정의 기복까지 읽고 대처할 수 있는 기민한 남자들이었다. 그들의 일상적 존재가 왕을 제외한 집권세력들마저 제압할 지경이라면 양반과 관료의 안타까움은 도를 더했고 다가서고 싶어도 더 가지 못하는 그들에게 군주는 아련키만 한 존재로 멀어지고 있었다. 조선의 정치권력은 이처럼 지식권력의 견제나 비판진영의 정치적 공격능력보다 보필과 추수는 물론 호위와 존명尊命을 본분으로 삼는 측근들의 막후 동선이나 최고 권력과의 물리적 거리에서 결정되고 있었다.

아무나 얻는 권력이 아니듯, 누구나 근접조우할 군주도 아니었다. 언제든 가까이 할 군왕 곁에서 직보와 전언은 물론 하명과 묵언默言실천이 수시로 가능한 자의 기운이나 힘을 닮기란 쉽지 않았다. 최고 권력과 가장 가까이 있는 자를 이겨내야만 한다는 부담은 역설적이지만 그것이 엄연한 현실이자 애써 지고가야 할 세도 있는 자들의 짐이었다. 잃지 않고 늘리려면 늘 굽히는 자보다 더 깊이 굽힐 수 있어야 했다. 권력은 도발과 저항으로 크지 않고 고분고분한 따름과 온순한 버팀으로 새삼 강고히 자라나는 기다림의 꽃나무였기 때문이다. 강剛함이 강强함을 이기거나 약弱함이 약藥이 되는 이치는 기실 궁궐정치가 일깨운 대표적인 복종미학이었다.

죽는 날까지 권력을 놓지 않는 왕에게 권력은 곧 힘의 원천이자 죽음을 재촉하는 독이었다. 그 때문에 살아갈 이유마저 또렷하였지만 그로 인하여 사라지거나 물러나야 할 까닭 또한 새삼스러웠다. 기나긴 세월을 홀로 버티되, 그것도 아무나 다가오지 못할 높은 처소에서 말벗조차 새삼스런 상황의 압박을 견뎌내는 일은 생각처럼 쉽지 않았다. 늘 굽히는 자를 항상 믿기도 어려웠을 터다. 하지만 입에 발린 신하들의 충성과 어쩌다 마주치는 대신들의 조아림보다 내시의 복종이 한결 편키만 했던 건 '익숙함' 때문이었다.

에필로그

애당초 아전과 내시를 위한 변명을 작정하였던 건 아니다. 정치와 역사를 한데 묶자면 두둔과 비호는 턱도 없었다. 하지만 아무리 그렇더라도 한쪽으로 기운 운동장에서 사나운 눈빛만으로 돌을 던져대는 건 문제란 생각 하나로 작업에 임했다. 과오의 도저함이 작업의 균형을 깨버릴망정, 기존 비판의 편승이란 자책이 발목을 잡아도 하는 수 없었다. 과업을 지탱한 동력의 기본은 두 직종이 끌고 간 독특한 복종의 형식 때문이었으니까.

조선의 여러 중인들이 보인 사회정치적 관계까진 그만두기로 했다. 그럼에도 불구하고 개별 직종이 겪는 통사적 굴곡과 변화의 여정이 하필 미움과 경계대상이었던 저간의 사정을 눈여겨보지 않은 전통사학은 아쉽기만 하였다. 말과 글로야 전체를 아우르는 국가라며 진도들 나가지만 높은 곳 먼저 보고 힘센 사람들 움직임에 아직도 마음 쓰는 사회과학 역시 세상의 약은 못된다. 왕이 앉아있는 자리로 여전히 압도적인 눈길 붙박는 인문학 역시 낮고 서러운 자들을 멀리하게 한 원인이었을 것이다.

하물며 역사의 곡진한 마디마다 뿜어져 나오는 크고 작은 사건들의 정치적 성격 분석까지 어디 기대할 일이었으랴. 역사연구가 곧 정치사 탐구만은 아니라 해도 세상의 총체를 파고드는 지적 근력은 전반적으로 달리기만 하였다. 아직도 '있었던 일들'의 복원과 미처 기록하지 못한 역사의 빈터 메우기가 우선인 전통 학문의 느린 자세는 사실과 가치 분리에 급급한 터다. 권력과 제도는 여전히 문화와 감각에 앞서며, 군왕과 양반의 존재양식은 양인과 천민의 그것을 밀치는 중이다.

역사 속의 현실정치가 권력 그 자체에 대한 집착과 향배에 관심 기울인 만큼 오늘의 인문학과 사회과학 역시 복종의 탐구는 소홀히 한다. 지배와 복종이 뗄 수 없는 한 몸임을 잘 알면서도 정치의 세계는 오로지 권력이 장악한다는 편견에 하나같이 갇혀 있는 것이다. 권력을 권력만으로 이해하는 한, 복종의 세계는 영영 어둠에 묻힌 꼴이다. 복종의 모습을 들여다보면 권력의 오만과 허점이 보이거늘, 그저 늘 휘두르고 제압하며 호령하는 자태 앞에 주눅이 든다. 그림자를 통한 몸체의 이해 역시 쉽게 잊는 상식 중 하나다.

아전과 내시는 작업을 위한 창틀이었다. 홀로 크지는 못하였어도 기존 권력을 숙주 삼아 자신이 살며 뻗어나갈 정치의 근거를 마련하는 데 성공한 적응의 귀재들은 강한 허리와 민첩한 다리를 무기로 삼는다. 눈치 빠른 동물적 감각의 자원은 의외의 '굴신성'이었다. 자존과 긍지만으로는 권력의 정치적 거점을 만들 수 없었기 때문이다. 과거科擧도 추천도 꿈조차 꾸지 못할 정치적 호사였던 세상에서 기왕의 좁디좁은 신분상승통로를 단숨에 헤집을 역량이란 좀체 우러나기 힘든 '굽힘'과 '꺾음'이었다.

아전은 아전대로 하염없이 굽히고, 내시는 내시대로 고도의 치밀한 계산아래 자신의 체면을 오롯이 꺾는 정치적 촉매는 '빌붙음'이었다. 존경과 추종의 자발성을 담보하는 권위의 순수성만 매일매일 추출할 수 있었다면야 어디 감히 비루와 면피의 순간들을 무릅쓸 필요가 있었으랴. 그렇게라도 살며 삶의 절박을 견디고 수모와 핍박의 나날들을 버틸 재간이 담보된다면 붙지 못할 나무 등걸이나 비비지 못할 언덕 또한 없었던 터다. 안 그래도 살 수 있는 길이 환히 열려 있다면 한 사코 그 길을 고집할 까닭이야 없지 않았겠는가.

아전에겐 수령들이 그런 존재였고 내시들에게는 좀체 다 가서지 못할 임금이 그 같은 기둥이었다. 빌붙기로 말하자면 여간 어렵지 않은 상대를 겨냥하는 일부터가 정치며 전략이고 생존의 방편이었다. 만남과 관계가 상당기간 이어진다는 건 그 자체로 권력이었다. 직책의 본분과 일상의 반복만으로 만족하는 삶이라면 역사는 한결 밋밋하였을 것이다. 삶의 변곡점을 만들 계기조차 만만한 길이었다면 견딤과 버팀의 방식도 도무지 다르지 않았을까.

지방행정의 현장에 농간과 착취가 횡행하고 왕명의 출납과 이행에 오류와 왜곡이 판치는 일은 아전과 내시들의 정치적 자가발전이 얼마든지 가능했던 탓이다. 빌붙어 크고 따라붙으며 배우되, 때가 되면 저지르고 모면과 회피의 나날들로 자기 권력을 비축할 수 있었던 것도 모두가 자연스런 학습과 반복 관찰의 대가였다. 맛보면 잊을 수 없고 누리면 고스란히 마비되어 버리는 권력이 아편으로 변모하는 과정은 그래서 시간문제라기 보다 체득의 대상으로 이해함이 옳다.

횡령과 사취는 다반사고 왕 바로 곁에 또 한명의 왕이 등장하는 사연도 신분상승의 문이 닫힌 세상의 편법이자 요령이었다. 한번 굳힌 그 자리가 권력이 되는 관행을 기존 권력이 모를 리 없지만 이내 눈감고 바로 고개 돌리는 치명적 이유도 모두가 제 몸 편하고 살던 대로 살아야겠다는 몸에 밴 욕망 때문이다. 그걸 조금도 부끄러워하지 않는 지배세력들을 무서워할 리 없는 아전이요, 내시였다.

결핍의 문제는 본디 부수적 핑계였다. 봉급 없는 아전들과 불구의 내시들에게 경제적 곤궁이니 성적 자존심의 손상은 그들 자신도 어쩌지 못할 도저함이었다. 바로 그 때문에 정치 행정적 일탈이 허용된다는 논리는 성립되기 어렵고 자기정치에 의한 부패와 타락을 용서해야 한다는 인식도 용서하기 힘겹다. 그럼에도 불구하고 역사의 현실은 그들의 횡포와 교만으로 얼룩지고 있고 알면서도 어쩌지 못하는 집권세력의 무능은 왕조의 해체 국면까지 이어진다.

자신들의 성장과 권력의 숙성을 방임하는 정치권력은 결코 그들의 짐이 아니다. 상전이 있어 축재가 가능했고 최고권력의 총애 든든하니 나날이 확인 가능한 행복은 궁극의 관심사로 지탱한다. 용안龍顔의 관찰과 수령의 동선 확인은 정치적 실권의 안전판이었고 가장 먼저 머리 조아리며 제일

늦게까지 경쟁자를 견제하는 일들이 운명의 노동으로 자리하는 동안 '눈치 보기'는 필수의 능력으로 강고해진다. 수령이 자리를 비워도 긴장의 끈을 놓으면 안 되는 아전이요, 군왕이 잠자리에 들어도 졸면 안 되는 내시였던 까닭이다. 경계하며 엎드림은 목숨보다 소중한 정치자원이었다.

힘으로 힘을 만들고 기대고 기어가며 자기편을 끌어 모으는 정치력은 집권세력을 등에 업지 않고선 불가능했다. 낮은 자가 한꺼번에 높아질 가능성이야 닫혀 있는 세상이지만 그나마 아전과 내시에 편입되는 길은 빌붙음을 통한 권력의 근접과 철저한 복종으로 이어지는 충성의 과시였다. 태생적 허전함을 단숨에 뛰어넘을 방도 역시 집권세력과 최고 권력을 향한 배전의 굽힘으로 결코 배반하지 않으리란 믿음을 담보하는 길밖에 다른 도리가 없었다.

남보다 내가 낫건만, 행여 경쟁자의 빛이 나를 가리기라도 한다면 하지 못할 일 아무 것도 없고 가지 못할 곳 또한 아무 데도 없었다. 오죽하면 있는 소문, 없는 말까지 섞어가며 상전의 귀에 대고 속삭일 정도로 병든 충성마저 이어지는 날들이었을까. 오늘날도 기꺼이 사용하는 고자鼓子·告者질의 기원이 내시의 '말질'에 있고, 멀쩡한 남의 재물 통째로 빼앗는 토색討索질의 뿌리가 아전들의 음험함에서 뻗어 나왔고 보면 그들의 행적은 헤아리고도 남음이 있다.

얼마나 심했으면 네 가지 글귀를 나무패에 새겨 내시들 몸에 지니게까지 하였을까. "입은 화禍의 문門이요, 혀는 몸을 베는 칼이다. 입을 닫고 혀를 깊이 간직하면 몸이 편안하여 어디서나 굳건하리라.口是禍之門 舌是斬身刀 閉口深藏舌安身處處牢"(燕山 10(1504)年 3月 13(甲戌)日 『조선왕조실록』【태백산사고본】14책 52권 16장 A면·【국편영인본】13책 596면) 라고 말이다. 그나저나 여기서 돌아본 역사의 기록들과 그 앞뒤의 기억들은 난시 조선의 전유물이기만 한 걸까.

아전과 내시는 오늘도 얼마든지 부활한다. 부활이라기보다 재생과 확장이라 부르는 게 더 옳으리라. 그렇다고 물리적 복원이나 인위적 재현까지 고스란히 상상하진 말자. 그들은 몸 생김새로 확인 가능한 기인奇人이나 악마가 아니라 누구라도 천연스레 변모할 일상 속에서 제 모습을 갖추니까. 스스로 변하여 그처럼 바뀌는 존재일 뿐, 누가 시키거나 만들어 생겨나는 타율의 창조물은 더더욱 아니니까.

의지만 있으면 의식화의 결과는 만질 수 있는 대상이나 볼 수 있는 꼴로 나타나지 않는다. 마음의 상태가 발현한 행위와 태도로, 아니 언젠가 태풍처럼 휩쓸고 지나간 '행태'라는 용어처럼 금세 제 모습을 갖춘다. 그것은 숱한 관계와 관계 속에서 누군가 질리도록 아연해 할 행동의 전 단계나 준비된 태도로 드러난다. 힘을 얻기 위해, 게다가 일단 갖고 나면 부리고 휘두르며 극한의 누림으로 치 떨리도록 스스로 겨워 할 경지를 꿈꾸다보면 강자의 곁에서 비열한 복종이나 고단한 추종의 예를 갖춤은 숙명처럼 끌어안아야 할 노동으로 정착한다. 지금 이 순간에도 도시의 거리를 활보하는 무수한 아전들과 계단 혹은 엘리베이터 안에서 표정 없이 머리 조아리는 내시들의 몸짓이 새삼 처연해지는 까닭이다.

강한 자, 그리고 높은 자의 곁으로 다가가기 위해 어떻게든 방법을 궁리하고 끝까지 배신하지 않으리라 맹세를 연기하여 주종관계만 성공적으로 엮으면 복종은 일방적 밀착과 근접의 치열한 대가로 자리 잡는다. 애써 다다른 자신의 경지를 지키려면 언제 어디서든 따라야 한다. 목숨마저 걸어야 할 절박함이 제 온몸 감싸도 하는 수 없다. 싫증과 고단한 속내를 들키기라도 하면 죽음과 맞바꿀 기세로 엎드려야 한다. 그 순간, 위장된 충성은 이내 허무하니 주인을 무너뜨리거나 교묘한 균열의 기미만으로도 애써 이룬 팔로워십의 왕국일랑 밑동부터 허물어질 수 있기 때문이다.

'빌붙음'과 '뒤따름'의 생화학적 합성. 그것은 조선조 권력

획득의 급진적 수단으로 책을 지탱한 동력이다. 가장 빨리, 가장 단순하게, 게다가 가장 분명히 힘을 얻는 가히 폭력적인 방법으로 자발적 근접의 성공과 일상의 상상을 초월하는 복종의 결합은 닫힌 세상 버니는 정치적 요령이었다. 아니, 열린 세상에서도 마찬가지다. '굽힘'은 권력생성의 가장 빠른 '샛길'이다.

참고문헌

단행본

강명관. 『조선후기 여항문학연구』 (서울 : 창작과비평사, 1997).

김구섭. 『정치권력과 민주주의』 (서울 : 박영사, 1991).

김종성. 『조선 노비들 : 천하지만 특별한』 (고양 : 역사의아침, 2013).

김현영. 『고문서를 통해본 조선시대 사회사』 (서울 : 신서원, 2003).

다이스케, 미타무라三田村泰助 지음·한종수 옮김. 『환관 이야기 : 측근 정치의 구조』 (서울 : 아이필드, 2015).

달레, 샤를 지음·정기수 옮김, 『벽안에 비친 조선국의 모든 것 : 조선교회사 서론』 (서울 : 탐구당, 2015).

달레, 샤를르 지음·정기수 옮김. 『조선교회사서론』 (서울 : 탐구당, 1975).

박상진. 『내시와 궁녀, 비밀을 묻다』 (서울 : 가람기획, 2005).

박영규. 『환관과 궁녀』 (파주 : 김영사, 2004).

박종성. 『백정과 기생 : 조선 천민사의 두 얼굴』 (서울 : 서울대학교출판부, 2003).

박종성. 『조선은 법가의 나라였는가 : 죄와 벌의 통치공학』 (고양 : 인간사랑, 2007).

버크, 피터 지음·이정옥, 김필동 옮김. 『사회학과 역사학 : 역사사회학 입문』 (서울 : 한울, 1984).

설흔. 『조희룡과 골목길 친구들 : 조선 후기 천재 여항인들의 초상』(서울 : 한국고전번역원, 2014).

스미스, 데니스 지음·문현아 옮김. 『역사사회학 이론』 (서울 : 학문과사상사, 1994).

스카치폴, 테다 지음·박희, 이식, 박영신 옮김. 『역사사회학의 방법과 전망』(서울 : 민영사, 1995).
아브람즈, 필립 지음·신용하 옮김. 『역사사회학』(서울 : 문학과지성사, 1986).
윤택림. 『인류학자의 과거 여행 : 한 빨갱이 마을의 역사를 찾아서』(서울 : 역사비평사, 2003).
이남희 지음·유리, 이경희 옮김. 『민중 만들기 : 한국의 민주화운동과 재현의 정치학』(서울 : 후마니타스, 2015).
이상각. 『조선팔천朝鮮八賤 : 나도 사람이 되고 싶다』(파주 : 서해문집, 2011).
이한우. 『아부의 즐거움 : 21세기 신트렌드 팔로워십』(서울 : 휴먼앤북스, 2007).
이홍두. 『조선시대 신분변동연구 : 천인의 신분상승을 중심으로』(서울 : 혜안, 2000).
임매 외 지음·김세민 옮김. 『내시의 안해』(파주 : 보리, 2006).
장희흥. 『내시, 권력을 희롱하다』(서울 : 경인문화사, 2006a).
장희흥. 『조선시대 정치권력과 환관』(서울 : 경인문화사, 2006b).
정구선. 『중세시대의 환관과 공녀』(서울 : 국학자료원, 2004).
정옥자. 『조선후기 중인문화 연구』(서울 : 일지사, 2003).
존슨, 찰머스 지음·김태홍 옮김. 『통산성과 일본의 기적』(서울 : 우아당, 1983).
진덕규. 『한국정치의 역사적 기원』(서울 : 지식산업사, 2002).
차남희. 『저항과 순응의 역사』(서울 : 이화여자대학교출판부, 1997).
터너, 브라이언 지음·최우영 옮김. 『막스 베버 : 근대성과 탈근대성의 역사사회학』(서울 : 백산서당, 2005).
하지메, 시노하라篠原 一 지음·김석근 옮김. 『역사정치학』(서울 : 산해, 2004).
한국정치외교사학회 편. 『한국정치학에 있어서의 역사적 접근의 현황과 방향』(서울 : 대왕사, 1993).

한희숙. 『의녀 : 팔방미인 조선 여의사』(파주 : 문학동네, 2012).

허경진. 『조선의 중인들 : 정조의 르네상스를 만든 건 사대부가 아니라 '중인'이었다』(서울 : RHK, 2015).

허경진 편역. 『평민열전 : 19세기 평민시대에 쓰여진 평민전기』(서울 : 웅진북스, 2002).

홍성찬. 『한국근대농촌사회의 변동과 지주층 : 20세기 전반기 전남 화순군 동복면 일대의 사례』(서울 : 지식산업사, 1992).

홍태영. 『국민국가의 정치학 : 프랑스 민주주의의 정치철학과 역사』(서울 : 후마니타스, 2008).

Fromm, Erich. *On Disobedience and Other Essays* (New York : Seabury Press, 1981).

Fromm, Erich. *On Disobedience : Why Freedom Means Saying 'No' To Power* (New York : Harper, 2010).

Gasset, José Ortega y. *The Revolt of the Masses* (New York : W. W. Norton, 1994).

Lange, Matthew. *Comparative–Historical Methods* (Los Angeles, CA.: SAGE, 2013).

Lukes, Steven. Ed. *Power* (Oxford : Basil Blackwell, 1986).

McAdam, Doug, John D. McCarthy, and Mayer N. Zald. Eds. *Comparative Perspectives on Social Movements : Political Opportunities, Mobilizing Structures, and Cultural Framings* (Cambridge : Cambridge University Press, 1996).

Thoreau, Henry David. *Civil Disobedience and Other Essays* (New York : Dover, 1993).

논문

김기덕. "조선후기 지방관아건축의 배치구성에 관한 연구 : 문헌사료에 나타난 충청도를 대상으로," 한국건축역사학회(편), 「건축역사연구」 제13집1호(2004), pp. 7-19.

김순남. "15세기 중반-16세기 조선 북방 군역의 폐단과 군액 감소," 조선시대사학회(편), 「조선시대사학보」 제61호(2012), pp. 43-77.

김용숙. "조선조 후기 지방관아의 복식 : 국문학 작품을 중심으로," 숙명여자대학교(편), 「논문집」 제17호(1977), pp. 35-70.

김인걸. "17, 8세기 향촌사회 신분구조변동과 '유儒·향鄕'" 서울대학교 규장각 한국학연구원(편), 「한국문화」 제11집(1990), pp. 303-340.

김인걸. "'민장民狀'을 통해 본 19세기 전반 향촌사회문제," 서울대학교 국사학과(편), 「한국사론」 제23권(1990), pp. 233-273.

김인걸. "조선후기 향촌사회 권력구조의 변동과 '민民'," 서울대학교 한국문화연구소(편), 「한국문화」 제9권(1988), pp. 321-331.

김인걸. "조선후기 향촌사회 통제책의 위기 : 동계洞契의 성격변화를 중심으로," 진단학회(편), 「진단학보」 제58호(1984), pp. 97-143.

김재명. "고려 내시제의 성립," 한국학중앙연구원(편), 「정신문화연구」 제29권2호(2006 여름호), pp. 151-173.

김재명. "고려시대 내시의 정치적 성격 : 문종-인종 연간을 중심으로," 전북사학회(편), 「전북사학」 제33호(2008), pp. 69-103.

김재명. "고려후기 내시제의 변화," 한국학중앙연구원(편), 「정신문화연구」 제26권4호(2003 겨울호), pp. 3-26.

배기헌. "조선후기 작청作廳의 운영과 그 성격," 계명사학회(편), 「계명사학」 제6호(1995), pp. 49-105.

신상필. "조선후기 역관 아전 계층의 사회와 문화 : 필기, 야담자료를 중심으로," 동방한문학회(편), 「동방한문학」 제46호(2011), pp.

205–227.
신해순. "조선초기의 하급서리 '이전'," 한국사학회(편), 「사학연구」 제35호(1982), pp. 1–62.
양승두. "다레 저著 『조선교회사(1874)』 초역 : 법원·아전과 포졸·감옥·형벌," 연세대학교 사회과학연구소(편), 「사회과학논집」 제1집(1965), pp. 135–149.
이상엽. "조선후기 지방행정에 있어서 이서吏胥의 역할과 부패유발요인," 한국행정학회(편), 「한국행정학보」 제36권3호(2002 가을), pp. 19–37.
이상엽·정건섭. "조선후기 지방행정에 있어서 이서吏胥의 부패유발요인과 반부패개혁론," 한국지방자치학회(편), 「한국지방자치학회보」 제16권1호(2004), pp. 295–317.
이영금. "조선후기 전주 재인청 무부들의 판소리 활동 : 전주 재인청과 전주 아전을 중심으로," 국어문학회(편), 「국어문학」 제53호(2012), pp. 97–126.
임성수. "조선후기 녹봉제 연구," 연세대학교 국학연구원(편), 「동방학지」 제169호(2015), pp. 101–138.
장희흥. "고려후기 환관제의 정착과정과 지위변동," 한국사학회(편), 「사학연구」 제83호(2006c), pp. 39–72.
장희흥. "연산군대 환관정책과 내시부의 위상강화," 경주사학회(편), 「경주사학」 제21호(2002), pp. 169–204.
장희흥. "조선시대 환관 억제책을 통해 본 위상변화," 동국사학회(편), 「동국사학」 제40호(2004a), pp. 283–308.
장희흥. "조선후기 실학자의 환관제도 개혁론 : 반계, 성호, 다산을 중심으로," 동국사학회(편), 「동국사학」 제41호(2005), pp. 29–53.
장희흥. "조선후기 역모사건과 환관의 내응," 역사실학회(편), 「역사와실학」 제29호(2006d), pp. 115–143.

전우철. "조선후기 향촌사회에 있어서의 이서계층연구 : 단성호적丹城戶籍의 분석을 통한 사례연구," 진단학회(편), 「진단학보」 제60호(1985), pp. 57-78.

정구선. "조선전기 청탁관행 연구," 경주사학회(편), 「경주사학」 제35호(2012), pp. 45-81.

조영준. "조선후기 궁방의 실체," 한국학중앙연구원(편), 「정신문화연구」 제31권3호(2008 가을호), pp. 273-304.

한희숙. "조선초기의 잡색군," 숙명여자대학교(편), 「한국학연구」 제1집(1991), pp. 31-78.

홍순민. "조선왕조 내시부의 구성과 내시 수효의 변천," 한국역사연구회(편), 「역사와 현실」 제52호(2004), pp. 219-263.

Bachrach, Peter, and Morton S. Baratz. "Two Faces of Power," *The American Political Science Review*, Vol. 56, Issue 4 (Dec., 1962), pp. 947-952.

학위논문

강애자. "고려시대의 내시에 대하여," 이화여자대학교대학원 사학과 석사학위논문(1965).

김인걸. "조선후기 향촌사회변동에 관한 연구 : 18, 19세기 향권鄕權 담당층의 변화를 중심으로," 서울대학교대학원 국사학과 박사학위논문(1991).

김필동. "조선후기 지방 이서吏胥집단의 조직구조 : 사회사적 접근," 서울대학교대학원 사회학과 석사학위논문(1982).

나선하. "조선 중·후기 영광군 이서吏胥의 계 조직 연구 : 사계射契와 노계老契를 중심으로," 목포대학교대학원 사학과 한국사전공 석사학위논문(1999).

문경호. "『이향견문록里鄕見聞錄』을 통해 본 조선후기 중인문화연구," 공주대학교대학원 사학과 석사학위논문(2008).
박은경. "고려후기 지방품관세력에 관한 연구," 이화여자대학교대학원 사학과 석사학위논문(1981).
서인수. "고려시대의 내시 연구," 고려대학교 교육대학원 역사교육전공 석사학위논문(1982).
송기호. "다산의 공직윤리 함양에 관한 연구," 공주대학교대학원 윤리교육학과 박사학위논문(2010).
신유아. "조선전기 녹봉祿俸의 반급頒給과 관료가계," 서울대학교대학원 사회교육과 역사전공 석사학위논문(2007).
신유아. "조선전기 체아직遞兒職 연구," 서울대학교대학원 사회교육과 역사전공 박사학위논문(2013).
신해순. "조선전기의 경아전 연구," 성균관대학교대학원 사학과 국사전공 박사학위논문(1986).
오동규. "조선후기 지방행정에 있어서 수령의 역할과 부패유발구조에 관한연구," 한서대학교 정보산업대학원 행정학과 석사학위논문(2003).
이범모. "『고금소총』 소재 사기담 연구 : 인물 및 사회적 의미의 변모양상을 중심으로," 인하대학교대학원 국어국문학과 석사학위논문(2010).
이정수. "고려초기 향리제의 정비과정," 연세대학교 교육대학원 역사교육전공 석사학위논문(2001).
장희흥. "조선시대 환관 연구," 동국대학교대학원 사학과 박사학위논문(2004b).
장희흥. "조선전기 환관 연구," 동국대학교대학원 사학과 석사학위논문(1994).
조희영. "조선시대 내시 복식 연구," 단국대학교대학원 전통의상학과 전통의상학전공 석사학위논문(2007).

최기수. "조선전기 관료들의 환관에 대한 인식과 견제," 고려대학교 교육대학원 역사교육전공 석사학위논문(2008).

인터넷

http://blog.naver.com/alsn76?Redirect=Log&logNo=40200907462

http://cy.cyworld.com/home/58685861/post/3703210

http://terms.naver.com/entry.nhn?docId=542398&cid=46621&categoryId=46621

http://www.columbia.edu/itc/sipa/U6800/readings-sm/bachrach.pdf

http://www.seoul.co.kr/news/newsView.php?id=20071126023002

찾아보기

ㄹ

ㅁ

ㅂ

ㅈ

ㅊ

ㅌ

ㅍ

ㅎ

저자 소개

박종성 朴鍾晟

서원대학교에서 일한다. 『혁명의 이론사』(1991) 쓸 때만 해도 그 공부만 할 줄 알았다. 혁명가는 쓰러져도 그가 빠져들던 믿음의 불꽃만큼은 오래갈 것 같아 붙잡은 게 『박헌영론』(1992)이라면 『왕조의 정치변동』(1995)과 『강점기 조선의 정치질서』(1997), 『한국정치와 정치폭력』(2001)은 이성계부터 김대중까지 이어진 육백년 곡절 3부작이다. 사회혁명 한번 없던 나라지만, 단서 만큼은 또렷하여 『정치는 파벌을 낳고 파벌은 정치를 배반한다』(1992)와 『인맥으로 본 한국정치』(1997)를 쓰고 『한국의 파벌정치』(2012)로 판을 키운다. 허구한 날, 되도 않는 국가 걱정이나 하며 헛기침해대도 '몸' 파는 여인의 '몸' 하나 구원 못하는 옛날 정치학이 버거워 덤벼든 게 『한국의 매춘』(1994)과 『권력과 매춘』(1996)이지만 짜증난 학생들을 위해 영화와 문학을 강의실로 끌어 들인다. 『정치와 영화』(1999)를 쓰고 『포르노는 없다』(2003)와 『문학과 정치』(2004)를 출간하는 사이, 세기가 바뀌어도 정치를 들여다 볼 인식의 창은 널려 있었다. 『한국 성인만화의 정치학』(2007)도 그 틈새에서 찾은 '오목렌즈'다. 그러거나 말거나 역사는 늘 어쩌지 못할 '거울'이었다. 유가의 논리로만 왕조국가를 보는 게 못마땅한 『조선은 법가의 나라였는가』(2007)가 그러하고 『백정과 기생』(2003) 역시 마찬가지다. 이 책도 그 연장이다. 『씨네 폴리틱스』(2008)와 『영화가 뿌리친 정치사상』(2015) 또한 정치영화의 역사성과 이데올로기적 무게감을 천착한 경우지만 밖에서 들여다보는 안이 더 환하여 그 기운으로 『패션과 권력』(2010)을 쓴다. 공부의 빈틈이라 여기며 『사랑하다 죽다』(2012)와 『퇴폐에 대하여』(2013)를 내고 『형벌을 그리다』(2015)로 메워도 보았지만 어느 날 부턴가 세상의 대꾸는 꿈조차 안 꾼다.

아전과 내시
–조선조 정치적 복종의 두 가지 형식

발행일 1쇄 2016년 11월 20일
지은이 박종성 지음
펴낸이 여국동

펴낸곳 도서출판 인간사랑
출판등록 1983. 1. 26. 제일 - 3호
주소 경기도 고양시 일산동구 백석로 108번길 60 - 5 2층
물류센타 경기도 고양시 일산동구 문원길 13 - 34(문봉동)
전화 031)901 - 8144(대표) | 031)907 - 2003(영업부)
팩스 031)905 - 5815
전자우편 igsr@naver.com
페이스북 http://www.facebook.com/igsrpub
블로그 http://blog.naver.com/igsr
인쇄 인성인쇄 **출력** 현대미디어 **종이** 세원지업사

ISBN 978 - 89 - 7418 - 353 - 0 93300

이 도서의 국립중앙도서관 출판시도서목록(CIP)은 서지정보유통지원시스템 홈페이지(http://seoji.nl.go.kr)와 국가자료공동목록시스템(http://www.nl.go.kr/kolisnet)에서 이용하실 수 있습니다.(CIP제어번호: CIP2016026520)

이 책은 한국출판문화산업진흥원 2016년 우수출판콘텐츠 제작 지원 사업 선정작입니다.